每天的生活在“理所当然”中积累沉淀着。从昨天到今天、从今天到明天的变化中，一定有什么新事物产生。

在“理所当然”的生活中，最重要的是拥有纯粹的心和积极向上的态度，并且通过反复创新磨炼自己。

三百年老店

日常生活的经营智慧

[日]中川御世子——著
程冰心——译

中国出版集团 東方出版中心

前　言

我嫁入中川家，已经44年了。我并不十分擅长忍耐和隐忍，为了过得快乐些，我会尽量回避必须要“忍耐”或是“隐忍”的场面。虽然并没有做到“快乐”，但也为“快乐地生活”竭尽了全力。2016年，中川政七商店迎来了创业300周年，儿子也顺利接棒成为第13代政七。

中川政七商店虽说叫作老铺，但也只是历史长河中极小的一部分。本书记录了我在中川家的日常生活和“游中川”的商品制造，日本的传统文化与工艺和我在中川政七商店发现的种种。不论是日常生活还是工作，

其实并不需要刻意去做什么特别的事情，而是对每天“理所当然”的事抱有兴趣，一点一点下功夫就能丰富我们的心灵。如果庭院里盛开了美丽的花朵，就用她们来装点我们的房间，在品尝到美味的点心后斟上一杯淡茶，心爱的东西坏了对它们进行修补，所谓的“理所当然”不就是来自每个人的生活和率真的心灵吗？

如果本书能够给大家的生活带来一点启发，我将不胜欣喜。

目录

第一章

“游中川”想要传达的日本文化与生活乐趣

第二章

与全新的自己相遇

第三章

所有的灵感都来自理所当然的生活中

第四章

中川家的家规与我们爱惜的日用品

第五章

岁月交替，直面自己，与人相遇

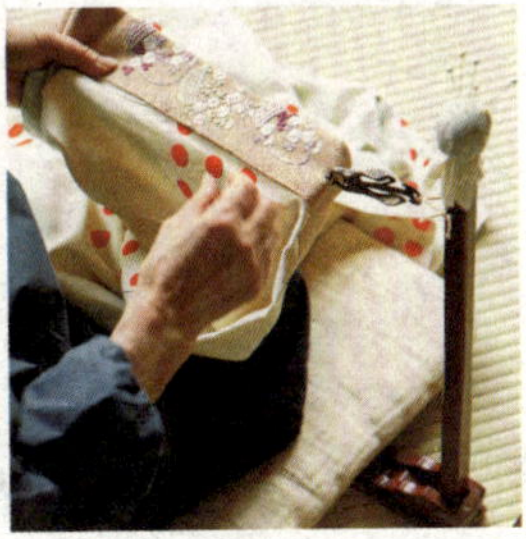

序言

嫁给了老铺

黎明时分，天空渐渐露出“鱼肚白”。鱼肚白是崭新一天开始的颜色，也是迎接清晨到来的“神圣时刻”。

被中川政七商店珍视了300年的奈良晒[1]也如这晨光一般泛着清澈的白色。经过河川水洗以及天然日晒制成的上乘麻织物被使用在武士的装束以及僧侣们的法袍上。过去千利休[2]曾赞赏“擦拭茶碗的茶巾还是奈良晒最好”，因而奈良晒至今仍是许多品茶人喜欢用的茶巾。

江户时代初期，作为幕府的御用品，奈良晒的生意兴隆起来。在最鼎盛的1976年中川政七商店创立了。

---

1 奈良晒：产于奈良的漂白麻织品。

2 千利休：1522年生于日本堺市，于1591年4月21日去世，是日本茶道的“鼻祖”和集大成者，其“和、敬、清、寂”的茶道思想对日本茶道发展的影响极其深远。

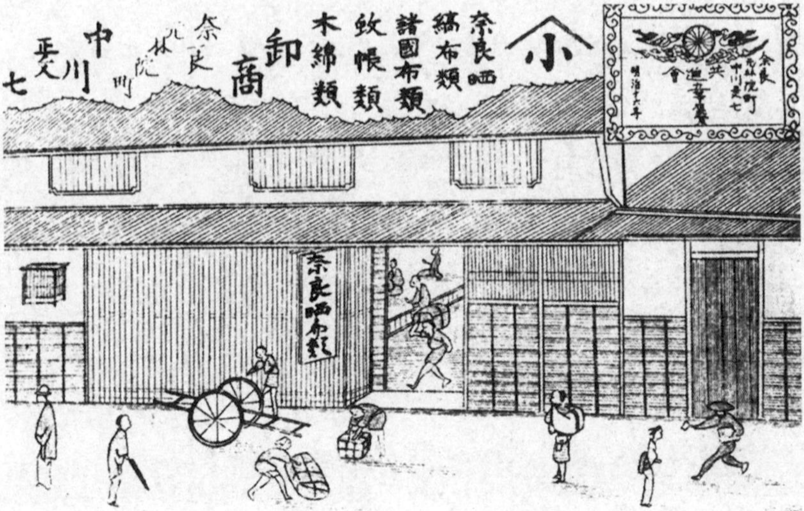

▲“中川政七商店”的名字曾出现在明治时代的文献《大和名胜豪商案内记》中。

然而明治之后，日本的生活有了很大的改变，奈良晒的使用也随之衰退了下来，中川政七商店曾一度陷入停业。作为第10代政七的爷爷却并没有因此停止下来，而是倾尽全力新建了工厂和日晒场。但是，到了高速成长期，匠人的老龄化等成为更为严重的问题。在生产被迫机械化的情况下，我的公公第11代政七岩吉先生依然一边坚持经营着奈良县月濑村（现奈良市月濑）的工坊，一边将一部分生产转移到了国外，并亲自对手工织麻技术进行指导。就这样经历了几次大落的苦境，前辈们顽强地将“手织手编的麻织物风格”守护至今。

在此期间，我于1973年嫁入了中川家。

我的丈夫岩雄先生大学毕业之后在恩瓦德[1]公司工作了6年左右，之后创立了自己的童装品牌。我的父亲对我的丈夫自己创业一事非常欣赏，并对我说：“这样的人，将来无论面临怎样的艰难困苦都能挺过去。”正因为有了父亲的肯定，我决定和他成婚。

借着结婚的契机，我的丈夫继承了家业，与此同时我迎来了作为中川家媳妇的全新主妇生活。我们住在离元林院街老家稍微有些

1 恩瓦德：日本有名的服装公司。

距离的地方，丈夫每天都来回老家工作。那时的中川政七商店里有我的公公、丈夫和财务三个人，有由奈良晒制作而成的茶巾和小方巾这两样支柱产品。每每去老家时，当我望向制作工厂，都能看到丈夫坐在房间的工作台前默默地裁剪着制作小方巾用的盐濑布料。直至现在，我都清晰地记得丈夫那样的身影。

当丈夫还是小学生的时候，据说由祖父掌管的中川政七商店充满了活力，有很多人在这里工作。放置在门口的、装有住在这里和来工作的学徒们木屐的鞋柜，让我不禁联想我的丈夫应该是一边舞动着剪刀、一边思考着中川商店的未来吧。

▲“游中川”总店既是中川政七商店的创业地，也是中川家的老家。第10代政七曾在这间屋子里整理宫内厅御用的绸缎布匹。在从事这项工作前他必须先沐浴，然后身着全新的白色工作服进行工作。这样认真工作的祖父在离世前，对还是小学生的丈夫说“奈良晒就拜托你了”。

▲ 第10代政七掌管商店那会儿，有30人左右在这里工作。那时候使用过的鞋柜一直激励着我的丈夫。

▲ 40年前制作的缝纫方法样图。通过使用针线和厚纸板来练习纽扣的缝制。

难以办成的事

丈夫的下一个事业始于我们的儿子——淳七个月大的时候。以多年来亲自培养的奈良晒茶巾为起点，中川政七商店迈进了茶具界。

某天，丈夫把图样带了回来，并对我说“希望你能做一份让人容易理解的缝制方法样图”。虽然我有茶叶罐包的图样，但从来没去想过它是如何被缝制出来的。况且，我对裁缝完全不在行，就连缝制方法样图这个词语也是在那个时候才第一次听到的。但即便如此，每一个细小的部件我都用三角尺、量角器，以及圆规制作了样纸，并最终将这些缝制方法归总起来。有了这份缝纫样图之后，丈夫委托我培养缝纫工，于是缝纫工们来到我们家，大家一起一边照看孩子、一边开讲习会。这样的图样后来还成了茶具部门的主力产品，多的时候一个月可以卖掉1 200多张。

◀ 一边参考《五体字类》的字体词典，一边加以练习，我挑战了不在纸上书写而是写在桐箱上的难事。

另一件难事，就是在装茶的桐箱上题字。根据茶叶罐的形状用细笔写上“肩衡茶入”和“文琳茶入”[1]等小字。说起小学时学习书法的水平，只要写得好，老师就会用红墨水画个圈表示肯定。虽然不能说我写得有多熟练，但丈夫总会带很多桐箱回来让我写，我便利用做家务的闲暇完成题字，这样的工作持续了10年以上吧。虽然我曾反省自己应该对缝纫和写字更加认真练习，但总算克服了“难以办成的事”的忐忑心情。

1 “肩衡茶入”和“文琳茶入”：日本常见的9种茶叶罐中的2种。

▲ 手工整理麻纺线，就是把麻茎部的纤维用手指撕开，再把被撕开的两半拧成一根线。虽然看似简单，但在我挑战这项工作的时候，纤维总会从手指缝中脱落，无法拧成一根线。

▼ 把密密麻麻的纵向麻线箍到织布机上，再从横面将线穿进去进行编织。

▲ 过去月濑村编织的奈良晒。单纯使用麻纤维制作的“生平”[1]，只要漂白后就会变白。

---

1 生平：从织布机上织出来的，未经任何漂白、晾晒和染色的原始麻质布料。

▲ 月濑村使用的织布机。我注意到有用力编织的人，也有温柔编织的人，编织方法根据每个人的个性而不同。

制作商品的原料“奈良晒”

随着丈夫茶具事业的顺利进行，工作场地变得狭窄起来，于是我们把创业公司的地点从元林院町搬到了奈良县综合批发商业团地[1]。空出来的地方就作为向后人传授奈良晒的场所。我们于1985年在这里开办了“游中川”。三年后，“游中川”还决定参加“奈良·丝绸之路展”的展览。然而，正当开始为参展做准备的时候，公公突然病倒了，因此我不得不帮忙照看生意。在正式开始工作之前，丈夫建议我“最好还是先去体验一下麻纺织品”，所以我去月瀬村的工坊进行了为期一个月的学习。

在这里，我不但能从编织工那里学习麻纺织，还能利用中午吃便当的时间听他们讲述奈良晒的故事。听他们说，过去在月瀬村，

1 团地：日本国家或县、市建设的公共住宅，是统一用来出租的，不能被购买。

每家每户都有织布机，村中回响着机器发出的“咔嚓咔嚓”声。织布工的外婆和母亲们会利用田间工作的闲暇坐在织布机前织奈良晒。织布工作看似简单，但织布的时候温度和湿度的变化可能会使经线断裂，所以在冬天织布时是绝对不允许使用暖气的，只能在脚边点上一个小火炉……我听大家开心地诉说着艰辛的故事的同时，也感受到了编织工们寄托在织布上的情思。

我自己织了一段布（大概12米左右），以此来表达对编织工们的感谢之情。在经历了烦琐而辛苦的手工整理麻纺线和在纺织机上纵向织线的工序之后，我具备了对“匠心工艺”应秉持的一丝不苟的态度。

第一章

『游中川』想要传达的日本文化与生活乐趣

创造心灵的游戏空间

“游中川”的名字来源于“给现代的心灵创造游戏空间”的概念。这是一个与日常之物在不经意间相会，并将之愉快接纳的地方。无论是用在室内装饰还是服装饰品上，麻都有其施展作用的可能性。

我与“游中川”之间的邂逅发生在我42岁那年。在做了15年专职主妇之后，我突然摇身成了商品策划。

在刚开始工作那会儿，每天我都是边考虑着策划和设计，边将麻质面料拿到缝织工那里去进行缝制并将成品回收的。每当早上起床时，我都会想着要把半夜里记录下来的创意和设计做出来。我就是这样充满干劲地工作着。

市场中，商品琳琅满目。有人愿意出钱买我们的商品，我觉得这是一件非常了不起的事情。为了可以分享客人在买到心仪商品后

▲“游中川”的总店位于奈良“饼饭殿”商业街的一条小巷入口。过去这里曾是制作工场。就在这里的小小阁楼中我曾冒出许多想法，这也想做，那也想干……总之非常着迷于此。现在我也经常去总店，实际上是为了能接触到客人，与员工共享信息。

的愉悦之情，我一直拼命地工作着。

走在路上，如果遇到有人拿着我们公司的手提袋，我真想跑上去表示感谢，但又觉得不是很合适，所以就只是小声行礼答谢了。

▼ 正仓院的文物时间是从光明皇后将丈夫圣武天皇遗留的心爱之物交给东大寺的时候开始算起的。图鉴也被分别保管于南仓、中仓、北仓中。我们借鉴了雕刻有动物和花卉的象牙小尺子“红牙拨镂尺”的图案，编织了一块放在楼梯洞口玄关处的、长达2.4米的挂毯。

正仓院是我的出发点

当枫叶和银杏染上秋色时，奈良国立博物馆举办了“正仓院展”。

从“游中川”创立开始至今，我们一直保留延续着的是印有正仓院文物古典花纹的杂货。就连品牌商标也是以正仓院文物“麟鹿草木夹缬屏风”上鹿的图案为原型设计的。在开始的时候，为了能让大家切身感受到手工制作的正仓院文物风格与麻织品的手感和质量，我们制作了日常生活中经常使用到的杯垫、餐具垫、轻便的钱包等产品。

正仓院里有各式各样的家具、乐器、玩具等文物，据说现在整理出来的就有9 000件左右。此外，正如大家所说“正仓院是丝绸之路的终点”，所以从受他国不同文化影响的华丽图案到拿着乐器进行杂技表演的独特伎乐图案，正仓院的文物有着多样的主题和元素。我每天埋头于这些文物的图鉴中，要是从文物中得到什么灵

◀ 带有伎乐面具花纹设计的轻便钱包。底是鹿皮的，带子用的是松岛线绳店的纯丝线绳。

感，我便会考虑把它运用到麻织品的设计图案上去。

正仓院的文物完全不像已经有1 300多岁了，无论什么时候观赏依然觉得很有新鲜感。对将这些精美宝物遗留下来的祖先们，我一直心怀感恩和感动。

▲ 绯红色包的灵感来自战国时代的名将真田昌幸、真田幸村父子。包带使用的是曾被使用在刀鞘前端而广为人知的牢固的“真田带”。左边是室町时代从中国流传过来的丝绸织物“名物裂”[1]包，有着深厚的历史渊源和文化内涵，在当时被贵族和风雅文人所珍视。

1　名物裂：多指镰仓时代到江户时代中期舶来的贸易品，是最高级的织物。

茶具里都是工艺

年轻的时候，作为新娘修行的一部分，我曾学习过茶道和花道。现在，我还参加了“里千家”[1]的茶人[2]木村宗慎为对中川政七商店的员工进行培训而亲自主持的“芳心会”。

就着美味的点心斟上一盏淡茶，对应每个季节布置和式的房间，在起居室插上花花草草，茶道的学习和自然以及生活是息息相关、彼此可以融会贯通的。

茶具有陶瓷、漆器、木器、铁器、纸袋、细竹器等，可以说是集日本工艺之大成。此外，用来包茶的布袋和擦拭茶碗的小绸巾用的是最高级的丝织物，放茶碗的桐箱上系的线是真田线。这些都是有历史渊源和文化内涵的材料。用这些材料和手工编织的麻织品组

1 里千家：茶道的流派。
2 茶人：精通茶道的人。

合在一起，就诞生了箱包和室内装饰品等全新的商品。这便是我和茶具部门在同一栋楼办公时构想出来的商品。

在备有茶具的地方喝茶，招待那些因为对季节等有同样兴趣而聚集在一起的客人。大家一起开心地品茶，我想这才是品茶的精髓。

虽然茶道很讲究做法，但为何不在休息的时候先轻松愉悦地享受一杯薄茶[1]呢。这样简单的举动便能使自己的心情更舒畅，让自己的心灵更富足，让自己的人生拥有更多绚丽的色彩！

1　薄茶：抹茶的一种。

对色彩的情思

顺应四季的花朵，梦幻般的时空更迭，自古以来，日本便从自然界造就的各种各样的配色中得到启发，研发了许多颜色。

颜色不但能为我们的生活增添色彩，还可以表达善意、快乐、热情、力量等情感。所以对我们这些手工艺人来说，考虑色彩是非常重要的。

在参考了日本的传统色彩后，将色调定下，再与漂白前的麻织品“生平”的颜色相结合，用植物染料对其进行染色。虽然在用天然纤维进行手工编织之后的麻织品上进行染色是件非常令手工艺人费劲的工作，但与植物染料相融合的“麻织品”却有着治愈心灵的力量。

自“游中川”创立以来，虽然我们始终在商品的图案上保持使用淡雅配色，以及用植物染料进行素色印染来体现正仓院文物、季

▲ 过去在使用植物染料印染的商品上，都会用图章记录颜色的名字和染料。

▲ 将麻织品染上各种各样的颜色制成的商品。在朱红色旁边的便是染色前的“生平”。

节、岁时记[1]的美丽。但与此同时，我们也想在与植物印染截然相反的绚丽色彩方面有所突破，因此开发了使用化学染料印染的麻织品“色彩·组合”，也因此诞生了新的系列。其中，有以传统的小图案为原型新设计的“小图案花纹”，这些新设计不但兼顾了“游中川”一贯的风格，而且其鲜活的色彩以及传达出来的自由随心态度，使得我们顾客层比过去更年轻了。

所以我觉得探索色彩的深层世界是一件非常快乐的事情。

1　岁时记：年事记，时令书。

探访工坊 ❶

京都“小守染布坊”

用色彩和图案来点缀生活的“手工印染”

▶“小守染布坊”工坊印染的小碎花花纹手帕系列。右下就是“小花”花纹手帕。对于颜色花纹比较多的手帕，需要按照颜色的数量制造样板，然后一个颜色一个颜色地按序进行印染。

最初设计的小图案花纹是“小花”。令人开心的是在15年后的今天，它依然是非常受欢迎的花纹。

要知道在“生平”上印染是件很困难的事情。当我们在寻找能够在“生平”上印染小图案花纹的工作室时，京都的“小守染布坊”（染コモリ）马上接下了我们这份工作。

“小守染布坊”工作室使用的是叫“型友禅”[1]的手工印染技法。手工艺人们通过细致的手工印染呈现出来的是机械印染无法呈现出的典雅风格。

会长小森荣吉在成立工作室之前，曾经在印染公司上班，一直致力于和服的制作。之后，公司的业务重心向面料方面转型，小森先生也是因为面料的多样性而被吸引。

小森先生不但对和服悠久深远的历史有所了解，对具有现代感的面料也了如指掌。第二代传人健治先生便完整地继承了他的技术及观念。

1　型友禅：是将通过涂施柿漆贴合的和纸作为纸型的材料，于其上刻出各种纹样，并加以染色。

▲ 把布平铺在长工作台上，一边滑动印染样板，一边进行印染。

▲ 在公司还没有电脑的时候，“游中川”的设计师田出睦子小姐手绘了纸板。这个纸板到现在还能清晰地将花纹再现出来。

▲ 将染料倒入印染模具中，用巨大刮刀一鼓作气将花纹染好。因为染料中掺杂着防染糊，所以便不会有多余的染料从轮廓里溢出来，印染出来的花纹也非常精致。染好的面料待干燥之后，需要再蒸一下以固定染料。

▲ 这位是对于颜色的要求极高、不论是几次都会为我们试着配色的第二代传人健治先生。他认真制作商品时那种真心实意的样子，总是让我感到既紧张又佩服。

绝妙的日本花纹

正仓院文物花纹

正仓院文物花纹是在受古罗马、波斯以及中国等影响的美丽花纹和图案中融入具有时代感的设计。

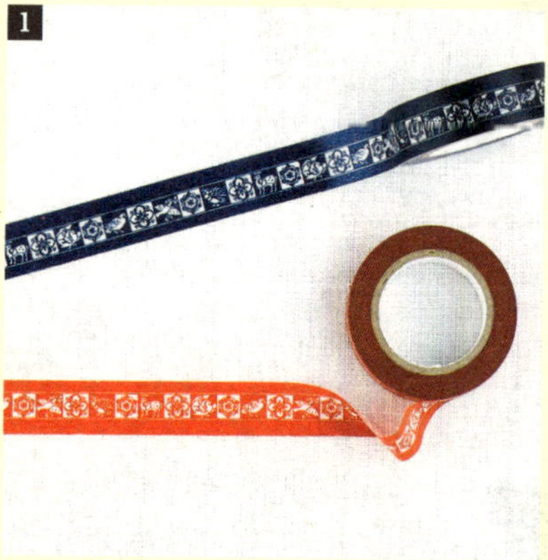

1 配有象牙尺“红牙拨镂尺”花纹的遮蔽胶带套装。

2 在叫“紫檀木画槽琵琶”的琵琶花纹基础上配以鹿的图样为设计元素的蚊帐布手巾。它将为厨房添色不少。

3 在搭扣零钱包上手工印染上波斯萨珊王朝的吉祥图案“麟鹿草木夹缬屏风”。品牌的商标图案也是以这两头鹿为主题的。

4 用依照正仓院双六[1]收纳盒“漆缘籧篨双六局龛”的花纹演变的纺织方法——“播州织”[2]编织而成的小袋。袋面上绣有从“木画紫檀棋局”借鉴来的鹿样花纹。

---

1 双六：一种室内游戏，类似棋。两人隔棋盘对坐，扔骰子决定点数，接着走格子进行游戏。

2 播州织：日本的传统纺织，也可以说是日本最高级的纺织方法。颜色鲜艳而且自然，数量稀少。

小图案花纹

从传统的江户小花纹和吉祥图案到富有日本文化特色的其他小元素，这些都充满了意趣。

1

2

3

4

1 拖鞋上印着的“小花”图案是小图案系列最早设计的花纹。

2 “花角对称花纹”的荷包，是以三大上等江户小花纹中的“对称花纹”为基础的。这种图案的花纹呈纵向横向排列，无论是纵向还是横向都是对称贯穿的。

3 由有吉兆寓意的葫芦和双层叶组合而成的“好运葫芦”（上）和奈良公园内神圣的鹿为主题的“五色鹿”（下）为花纹的可爱小袋子。

4 “橘梗菱文”（上）、“土茯苓六角文”（中）、“金银桂花霞文”（下）搭扣钱包。这些花纹充满了秋天的情趣，是季节限定花纹。

「琵琶の夕べ」9/19・9/20
●開場：p.m.5:30～
●開演：p.m.6:00～
●会費：10,000円
演目
古えの響
幻の星「阿部仲麻呂」
風舞
麻の季
手つむぎの麻、そのままをジャケット、パンツ、シャツに仕立てて
ギャラリー 中川
奈良晒展
'92年4月25日㊏～5月5日㊋
1993 SUMMER
「麻・くらし」の楽しみ。
草に坐り、雲に遊び、月に酔い、風を聴く
…さてさて、どの酒器にて今宵の一献を楽しもう
麻とホタルランプ展
花野は、さまざまな秋草がみだれ
夜長の月が酔う
美しき秋
akagi akito
漆
2000.11.29－12.5
yu-nakagawa garelly
飛鳥人からの夢
10 26－11 11
うららかな光のなかへ
華見への誘い
無垢な時間
アクセサリーと麻の服展
凜
荒川尚也
燻
山葉アトリエ
新春に響く 薩摩琵琶
初音

第二章

与全新的自己相遇

贯穿生活与艺术的“游中川”设计展

丈夫是怀着“麻织品虽然很普通，大家都很熟悉，但还是希望得到更多人的喜爱”这样的想法开始的“游中川”。

然而，即使总店是身处闹市区附近，也不太有人经过。为了能够吸引更多的客人前来光顾，我们想试着办些什么活动，因此就想到了设计展。

首先，让大家了解奈良晒，让客人高兴才是最重要的。我们对应春季赏樱花、夏季纳凉、秋天的月亮和野花、冬季迎春等这些四季分明的主题制造了相应的麻质产品。此外，我们还得到了陶器、漆器、木器等工艺家的协助，他们认为用麻质原料制成的日常生活用品可以为我们带来心灵上的富足。接下来，我便会介绍给我留下深刻印象的设计展。

这个设计展于我来说也是一次挑战。在那之前我一直用麻布制

◀▲ **奈良晒展**

在第一次的设计展中，我们主要介绍了基础材料奈良晒是如何形成的。在《日本山海名物图会》（1754年出版发行）中，书法家写下了评价奈良晒质量的句子。宣传单页上印有以前在木津川的日晒场上麻布与纺织机的风景。

作些挂毯和杯垫等平面商品，而在那次设计展上，我挑战制作了遮阳伞、扇子、拖鞋等立体的商品。另外，在设计展上还诞生了不少新商品。

我希望能让顾客更多地了解麻织品的特色，体验手工编织的麻织品具有的力量，也希望来到总店的客人都能愉快。我就是怀揣着这样的心情举办了设计展。这样的设计展在我与“游中川”一起的数十年间持续举办着，一直延续至今。我深信只要敢于去挑战，我们一定可以走上全新的道路，造就全新的自己。

◀ ▲ 麻织品的故事——佛与野兽

在能展现麻质布料本身魅力的面料上，用奈良墨画上神态温和的佛像和动作滑稽的野兽。这次的设计展上还诞生了挂毯和荷包等小物件、小容器等产品。如今“鸟兽戏画”系列商品仍在商店内销售。

▶ 时间尽头 · 生命终点

最近，新闻媒体经常刊登一些类似在自己活着的时候安排一场具有个人风格的葬礼的文章。那么在活着的时候就为自己选好一款“归宿用的器具”大家觉得如何呢？在那次设计展上，设计师们制作了骨灰罐、茶碗、念珠、香炉等产品。当时，陶艺家内田钢一先生用于参展的骨灰罐直至今日我还小心保存着。为了配合骨灰罐的展出，我们需要在展会现场营造出神秘的气氛。所以当时我们使用了麻纱面料做装饰，也因此诞生了后来的麻纱面料的“花布手巾”。

▲▼ **沉稳的、有花草的生活**

这是为了能够更近地感受山中野花野草的柔美，体会四季分明的景色，过上更美好的生活而策划的设计展。（下边照片）这是当时在中国的景德镇制作的用来种植花草的花盆。欣赏种植在这样的花盆中的植物就像欣赏“庭院盆景”一样，能够从中得到乐趣。现在，我们正在为我们的园艺店“花园树斋”进行商品提案（上边照片），希望将江户时代花团锦簇的园艺情景通过我们的商品再现在现代的生活中。

▲▼ **享受四季**

以“游中川”最珍视的设计元素——季节为主题，举办以四季不同景色为主题的设计展。（右上照片）充满季节情趣的挂毯便是出自该设计展。另外还展出了东大寺二月堂汲水节时期用麻质布料做的“山茶花”，以及樱花盛开时用樱花染成的衣服和樱花模样的小饰品和容器等。这些与樱花有关的产品用在赏花时节，既能为我们增添聚餐的愉悦感，还能在就餐时感受到浓浓的春天气息。（左上照片）至今我们还一直在研发樱花主题的产品。在秋季主题的设计展上，我们展出的是用麻质薄纱手工编织而成的“月下秋草”图案的挂毯以及装日本酒酒瓶的麻布袋，还有古人们吃的红米和酥[1]，大和[2]当地的酒。我们还举办了琵琶和横笛的演奏会，请来讲师为我们讲解《万叶集》[3]等，让客人们尽情享受日本文化。

---

1 酥：日文写作“蘇”。古人们吃的一种类似芝士的食物。

2 大和：大和市是位于日本本州东南的城市。

3 《万叶集》：日本最早的诗歌总集，相当于中国的《诗经》。

偶尔下定决心前往更高处

在开始“游中川”企划工作的四年后，我们参展了“东京·晴海”的礼品展。展会的摊位上摆放着琳琅满目的商品，而我们用植物染色的麻布被装饰在屋顶展出，另外一起参展的还有印有正仓院文物花样的钱包等小商品，以及用麻质布料制作的具有吸汗功能的“长罩衫”。

大概是我穿着麻质布料的和服比较引人瞩目的缘故，人气杂货店、女性杂志《家庭画报》和《妇人画报》都纷纷前来和我们洽谈交易。虽然这次我们的产品在东京展会上成功出展，增添了我们对自己产品的信心，但因为在东京开店的门槛比较高，所以平时对产品制作不怎么过问的丈夫，一直没能允诺开店的事。

就在这样的情况下，有次在每月一次的公司内部例会上，经营顾问冈本充智先生在发言中讲道：“虽然朝着自己的目标，扎扎实实

◀ 为了方便自己在有灵感的时候，或者有什么想法的时候马上能记录下来，我一直将记事本放在枕边睡觉。最近我索性把白板直接放到了床的旁边，这样便能在昏暗的地方写字了，所以我特别珍惜这块白板。记事本上的照片是东京店的入口。

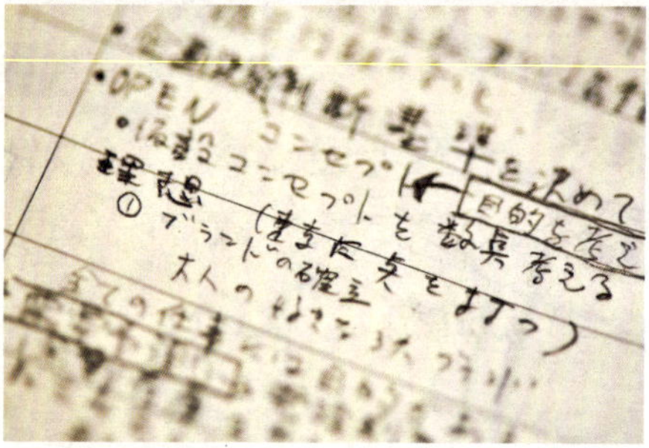

◀ 我在当时学习的本子上，发现了自己写下的“在东京开店”的文字。

地打好基础是很重要的。但偶尔可以望向‘远方’扔块石头试试，看看石头能够泛起什么样的涟漪。或许能联系上自己内心的某些想法。”直到现在，我还清楚地记得当时自己被这一席话深深触动了。

听了这些话后，我把自己想在东京开店的想法告诉了丈夫，这次终于得到了丈夫的应允。当时我对终于可以在憧憬的东京开店了感到非常兴奋。

2001年，我们在东京惠比寿的直营商店开张了。

如果那个时候我没有听到冈本先生的一席话，也不知在东京开店的事情会变得怎样呢？

在世代交替中孕育而出的新形态

在东京开店那会儿，有位伙伴一直激励着我，她就是“游中川”的设计师田出睦子小姐。田出小姐和我的儿子的年纪一般大，她在还是大学研究生的时候，看到了我们公司的商品企划招聘启事，而后被招入职。没等到正式毕业，她便先以临时工的身份开始了工作，直至今日也还在努力地工作着。

田出小姐刚进公司的时候，一面忙着在每个商品包装上盖章，管理库存商品的出库工作，一面还做着企划和设计的工作。但即便如此繁忙，我和田出小姐也还是齐心协力不断尝试着新商品的研发制作。

虽然我们的麻织产品以布类杂货为主，但我们还将自己的产品设计扩大到正月里使用的装饰品和服饰等其他产品中。虽然我们始终谨记尽量要走在时尚的前端，但要是我们两人设计的产品销量不好的话，我们便会大笑着劝导安慰彼此“是不是我们走得太急了”。就是这样一位不会过分悲观又积极乐观的田出小姐在身边影响着我，使我不断努力着。我们一起为了东京店开店后的店内展示而工作到深夜的那段时光，真是一段美好的回忆啊。

终于盼到东京店开店了，在东京公司上班的儿子——淳也来参加了开幕。实际上直到那时，儿子才知道我们除了茶具的买卖以外，还从事着麻织品杂货的销售。

第二年，儿子便辞去了原来公司的工作，转而投入到了家族产业中。

在儿子进公司六年后，中川政七商店从“商店”成长为“公司”，丈夫也怀着对儿子的期望将公司放手交给了儿子。

不论是丈夫还是我，都从来没有怀疑或者担心过儿子的工作态度。我们觉得他从小对待工作的那种深思熟虑的态度，就是他成就现在事业的基础。看着儿子和员工之间建立的深厚的信赖关系，我们觉得儿子的确是个靠得住的人，所以认为可以把中川政七交托给他。

于是2016年11月，儿子继承成为第13代政七。没有什么能比同丈夫一起守护中川政七商店，并将它传承给儿子更幸福的事情了。

◀ 我和田出小姐一起企划的包的图样，采用的是用日本自古以来使用的天然染料——柿油染成的麻质面料。面料上的焦茶色是用铁煤染剂染成的。立体染印的麻质树叶花样体现了日式细木窗框的形象，这是由京都的iT YUCASi公司为我们设计的。

说出来有些惭愧，过去我自己负责的麻部门曾经出现过赤字这样的事，这也是在读了儿子写的书之后才知道的。当初丈夫将“游中川”交给我的时候也只是一心希望我能够将“奈良晒和中川政七商店”持续下去。因为他知道与其在盈利这块儿对我有所期许，还不如让我悠闲自得地做一些商品来得实在。现在儿子好像也继承了丈夫对我这样的想法。（笑）

▼ 在鹿皮上刷上漆的漆皮。

▲ 与千石小姐（右）、田出小姐（左）在总公司开会。这是两个开朗又可靠的人。

◀ “名物裂”类型的样品。这是由缝织工们经过非常认真仔细地缝制而来的。不论是用在日式服装还是洋式服装上，它都是很华丽的搭配。

从今往后

自从我担任“游中川”的商品企划以来，到2018年为止就正好30年了。以后我当然还要不断挑战新事物，但追溯历史、回到原点、不忘初心同样也非常重要。

其中便有在漆皮、名物裂和柿油印染等这些传统素材中融入现代元素为策划方向的一些产品。

我觉得，通过产品制作将日本传统布艺传承给下一辈，也是我非常重要的使命。

而今，那些担任设计的年轻员工们，为“游中川”注入了新鲜的血液。他们不仅汲取了日本布艺的传统技法，还有着我意想不到的崭新想法。

这些员工和我之间有着比母子还要悬殊的年龄差距。当然，我生活的年代，我经历过的事情，以及我所感受到的都与他们不一样。但是，这反而形成了神奇的乘法效果，从中诞生了些有趣的想法。

与这些年轻员工之间起到交流和共鸣桥梁作用的便是“游中川”的品牌经理千石绫（千石あや）小姐和田出睦子小姐。就是这两人，为我们创造了一个没有年龄代沟的良好工作环境。

2017年春天，中川政七商店在东京银座六（GINZA SIX）[1]里的商店开张了。这里除了有便于生活的基本功能性道具以外，还专门设置了融汇有传统素材和技巧的日本工艺商品角。其中我和田出小姐共同策划的、运用奈良传统工艺——“漆皮”的皮夹也会在这个工艺角展现给大家。曾经花了很长的时间创造的商品，第一次被成列在店头，真是让人感慨万分。

对于我这样一个从专职主妇突然转型成为手工艺人的人来说，之所以可以坚持到今天，就是因为对于自己“不擅长”的事情不舍不弃，坚持挑战。另外，因为我们平常制作的是一些日常生活中所需要的杂货，所以不断磨炼自己对生活敏感的一面也是非常重要的。我们始终要保持对平凡生活的兴趣，去发现生活的美，并找出“其美妙之处”。我想要进行产品制作，也许就是要先成为这样够格

---

1 银座六（GINZA SIX）：坐落于日本东京银座商圈内，是银座最大的复合型商业设施。

▲ 中川政七商店在银座六的商店开张那天，我同店长岩川晋子一起在工艺角商量商品的陈列。在陈列商品时，我始终是绷紧神经的。

的手工艺人吧。

我希望随着岁月的流逝自己可以精彩地老去，同时，也能好好享受生活、享受工作。

当我们得到一样品质上乘而又美丽的商品时，你会发现对它越用越有感情，所以今后我会为大家不断奉上能让生活变得更快乐的商品。

探访工坊 ❷

奈良“春日”

从奈良时代传承下来的美——漆皮

▶ 这是印有漂亮花纹的鹿漆皮钱包。钱包上的篱笆样花纹是由象征着能招来幸福与财运的文字“入”构成的。

位于奈良县中东部的宇陀市菟田野从过去开始便以毛皮革产地而闻名。这里的鹿皮因高品质和精湛的加工技术在全国首屈一指。用来做皮草和甲州印传[1]的皮革原料几乎都产自于此。

上面照片中钱包所用的漆皮是“春日”的辻本丰仁先生为我们亲手制作的。他还带我参观了工坊。

漆皮的历史十分悠久，最早可以追溯到奈良时代。奈良县三塚古坟出土的漆皮小挎包距今已经有1 300年的历史了，据说是最早的漆皮产品。在正仓院中也收藏着数件运用漆皮工艺的文物。

漆皮用的是一种叫“山羌”的小型鹿科动物的皮。山羌皮是弥生时代从中国传入的高级皮革，其特征是皮革表面的纹理非常细腻柔软。

“春日”工坊始终坚守传统的制作方法，所有皮革的加工都由匠人们精心制作而成。

1　甲州印传：在经过处理后变得柔软的鹿皮上，用鲜艳的油漆涂出瑰丽的纹样。日本山梨县甲州流传着的“印传”手艺，是在日本众多优美沉稳而又不失朴素亲近感的传统工艺品当中，少数能感受到“武士”精神的、颇具异彩的逸品。

▲ 将鞣制好的皮革铺在大转台上，用糯米稻草进行熏制。看着这被熏制成茶褐色图案的“熏制皮革”，我想着可以用它来做些什么商品呢。

▲ 照片上是手工艺人正在皮革上涂抹天然上乘的漆。据说在皮革上涂抹的漆的量要比涂在一般漆器上多几倍。

▲ 把皮革固定在转台上，一边慢慢转转台，一边熏制皮革。这是提高鹿皮耐久性和防虫效果的重要工序。

▲ 这是用高温加热过的烙铁来制作皮革的底层的工序。这道工序会去掉皮革上多余的角质，这样能使皮革更容易吸收涂在皮革上的漆，通过手工艺人的手工操作可以增加皮革表面的细腻感和光滑度。

“游中川”想要传达的“日本的布艺”

在传统文化中创新的日本文化。我们提议制作融汇日本传统素材、技术、匠心并且具有当今时代感的纺织品。

1

2

3

4

1 这是用锰印染的星纹布拼接上柔然羊皮的江户包。不论往里面放多少东西，都能让包保持漂亮的外形。

2 图中的包使用了靛蓝色印染，花纹表现的是在光线折射下的波浪，以及夜空中的璀璨繁星。用同样的颜色表现出时浓时淡的印染方法叫作“斑浓”。

3 用毛巾线编织出各式花样的“毛巾料提花编织”包。“人”字形花纹是以高野山有数百年树龄的“杉木群”为原型设计的。

4 明治时期由法国传入的“ほぐし織”[1]包。包上印着的“箭羽尾”图案是“絣织法”[2]的代表性图案。

---

1 “ほぐし織”：明治时期从法国传入的编织手法。将纵线固定在编织机上，在不 （转下页）

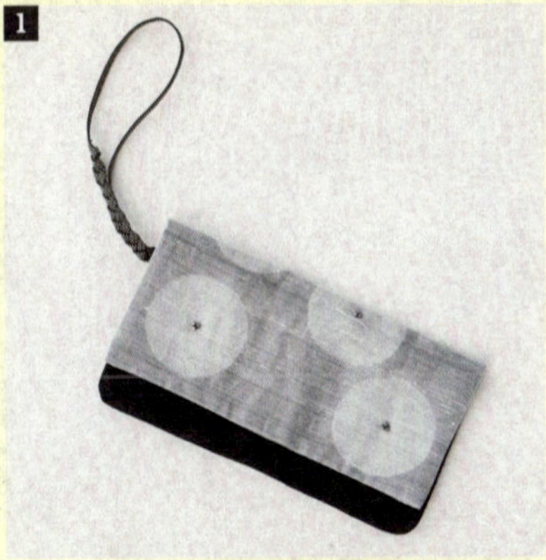

1 两只蚕偶尔会将茧做在一个蚕茧里，用从这样的蚕茧中获得的“双宫绸”编织成布料，再制成晚装包（手拿包）。这样的包看上去如同遮着一层面纱，透露着朦胧之美。

2 用两块奈良纱编织的披肩。这种披肩具有越洗越亲肌、越蓬松柔软的特征。

3 绣有日本传统花纹的简易背包。这种包背起来十分轻便，我们在包拎手、拉链、口袋等的性能上也做了讲究的设计。

4 这是使用了发源于古代西亚和埃及的“葛布兰式织法”编织的手提袋。包面上花纹结合了日本传统花纹，以及鹿、树木、花为主题的图案，生动得像嵌在了包面上一样。

（接上页） 掺入横线的基础上，先编织后进行图案染色，待染色完成后将纵线解开再次放到织布机上掺入横线进行编织。这种编织手法编织出来的图案非常柔和唯美。

2 “絣织法”：染织结合的一种编织手法。

第三章

所有的灵感都来自理所当然的生活中

真想要一条这样的手巾
——“花布手巾”的诞生

我们的厨房中总摆放着各式各样功能的器皿，我想如果这些器皿搭配上色彩美丽的手巾的话不是能为厨房增色不少吗？于是“花布手巾”诞生了。

与麻纱面料的相识，是在总店的“时间尽头·生命终点”设计展上。当时为了装饰会场中三通间里最里面的那间房间，增加房间的神秘感，我们选取了上浆前的麻纱面料进行装饰。那时我便觉得麻纱面料有很好的亲肌感，拿在手里也感觉蓬松柔软，因此我想要是把这种面料做成手巾，每天在做家务或者准备三餐时使用的话不知能不能达到理想的效果。于是我在麻纱布上染上樱花和绣球花等季节性花朵的颜色，并命名为“花布手巾”。就这样，我“期待”的手巾诞生了。

◀ 在种类繁多的手巾中，如果中川的手巾能够得到众多顾客的青睐，肯定我们的手巾是最好用的手巾的话，我们便会感到非常高兴。刚开始卖手巾时，我们还特意敲上了印有花布手巾字样的图章，连装手巾的盒子也是手工制作的。

花布手巾是一大张边长为58厘米的正方形手巾。将一张麻纱面料沿着宽幅折成两折便是这个尺寸，再将两折的面料简单缝合起来就成了手巾。这样面料便不会被浪费。此外，因为手巾是将两张平织的薄面料对折再进行缝制，所以如果折叠使用的话会增加手巾的吸水性，洗完后铺开来晾晒又能马上干，在卫生方面的功能也显得非常卓越。这也印证了这的确是一款设计合理的手巾。

随着时代的变迁，我们能够在已经有所改变的生活方式中寻求灵感，灵活使用已经不太被使用的麻纱面料进行创新生产。所以“花布手巾”在2008年获得了日本优良设计奖（Good Design Award）的金奖。

越用越有感情——花布手巾的多种使用方法

现在我们不但生产基础图案的花布手巾，还生产着印有各式可爱图案的不同种类的手巾。这些手巾可以用来擦，可以用来垫，可以用来盖，还可以用来包东西……使用方法也是多种多样。平时我便是这样灵活使用手巾的。

▲ 把麻质的手巾铺在由竹艺家吉田佳道编织的竹笼里，用来帮助滤干我非常喜欢的麻叶花纹玻璃杯或者其他纤细的玻璃器皿的水分。

▲ 把手巾折叠起来擦拭器皿。这样手巾可以发挥良好的吸水性，双手还能感受到手巾带来的蓬松柔软感。

▲ 我们家的寿司桶比较大，大尺寸的花布手巾正好能盖住。湿润的手巾盖在寿司桶上可以防止米饭变干。

▲ 将手巾摊开，把绿叶菜放在手巾上迅速擦一下，就能吸掉水分。对于小的蔬菜，只要用手巾包住多擦几次就可以了。

▲ 用五张麻纱面料制作而成的可爱手巾。小小厚厚的手巾用来替代锅的手柄也是非常方便的。

▲ 蒸煮东西的时候，用手巾把锅盖包起来，然后在上面扎一个结实的结。在锅盖上用手巾和没用手巾煮出来的料理味道也是不一样的。

▲ 我们家自己在用的手巾。这些手巾用旧了还可以拿来打扫房间。每一块我都是小心且尽量不浪费地在使用。

▲ 我们还制作了红白交错的麻纱面料，这种图案的手巾象征着吉祥如意。用这样的手巾来包礼品送人想必会令人开心的吧。

▼ 收拾老家的仓库虽然很辛苦，但却可以发现老一辈用过的东西，这也是非常开心的。

做家务最需要的是围裙

在老家，有个被使用了百年以上的大仓库。过去的生活习惯一般是夏天用蒲扇或者电风扇乘凉，冬天用被炉[1]取暖。还会根据季节的不同来替换不同的门、窗和日用品。所以感觉一年里就是反复整理着这些需要拿进拿出替换的东西。要是实在有用不上的东西，就一股脑儿地储藏到仓库里去。

我便是那个最熟知仓库里有些什么的人。因此每当传统节日来临，我会去仓库拿出节日需要使用的器皿和大事记等装饰物，待用完之后再放回去。平时也要抽空去整理仓库中的其他东西。

仓库里有许多长久以来放置不理的东西，甚至有些连开都没有

1　被炉：在冬天里使用的，日本独特的生活用品。使用炭火或者是电器等加热源，并把它们固定在桌子底下。为了不让热量外流，会在木架上盖上一条被褥，再把桌面压在上面。这样一家人就可以坐在被炉的四周一边取暖，一边交流。被炉通常使用在榻榻米上。

开过的箱子。在收拾这样的仓库时，我觉得如果有一条围裙的话将会有很大的帮助。

在以穿着和服为主的年代里，使用围裙的主妇还是很多的。围裙可以完全遮盖住和服，还可以保护比较容易被弄脏的袖口等部位，所以穿上围裙的话就不用担心哪里被弄脏，可以安心地做家务了。

平时如果自己要出门但又需要在出门前准备早餐或者做些家务的话，只要在洋装外面套上围裙就不用担心衣服被弄脏了。另外，围裙的款式因为非常宽松所以穿着起来很舒适，活动也很方便，我觉得是一件难得的宝物呢。其实围裙在如今以洋装为主的生活中依然是非常实用的。

家要是井井有条，住起来也就更方便了

为了让来我家的客人都能觉得舒适愉悦，平时我一直把对家具的整理记在心上。

虽说家里的东西比较多，但只要将每样东西放置在固定的位置，养成使用后马上归位的好习惯，家就可以保持整洁了。特别是厨房，因为我喜欢器皿，所以对收纳也是有讲究的。我并没有在厨

▲ 我把染色的和漆器等从老一辈传承下来的器皿整理在抽屉里。

◀ 这些在起居室与餐厅使用的盒子是在仓库中找到的。虽然是旧东西了，但不论哪一个都特别有味道。

▲ 纤细的玻璃杯每一个都用间隔隔开来保存。

房的高处挂吊柜，而是全部依赖抽屉进行收纳。为了能够在做菜的时候方便东西的拿出拿进，我还在物品间隔等方面下了功夫。

此外，为了让来做客的客人可以开心地使用自己喜欢的器皿喝茶或者吃饭，我在收纳的地方使用标签贴将器皿名字贴上，让收纳场所变得一目了然。

另外，在起居室和餐厅我还会用盒子来收纳整理，营造平和安稳的空间。

性能良好的包有利于小物件的收纳

在众多商品中，包的制作属于难度非常大的。包的款式就不说了，其尺寸和功能性都是对成品包的实用与否非常重要的细节。为了把包的制作方法学习好，过去我会把尺子随身带着好随时拿出来测量。要是在店头陈列的包中觉得哪个包不错的话，我便会从自己的角度去思考为什么我会被这个包吸引的原因。另外，在设计包的时候，还需要掌握包的材质、颜色、形状、尺寸，还有拎手的长度及其位置这些因素间的平衡性。此外，根据外出目的的不同，搭配什么样的衣服，搭配什么样的包，都是需要在制作时去考虑和假设的。

就我而言，喜欢在外出时选择和洋装日式服装都很搭的清新淡雅的包。每天上下班使用的包会选择方便步行的双肩包。

除了包以外，还有很多小物件不但能够方便我们的生活，还能使我们的心情更愉悦。比如整理归纳背包里东西的小收纳袋，

◀（上层右，下层）以前“游中川”设计的麻质编织包因为它既能搭配日式服装又能搭配洋装，所以我格外珍惜地使用了很多年。用藤和麻编织而成的包（上层左），我非常中意它上乘的做工。

◀ 这张照片里是我工作时用的包。照片右边的是包作品（BAGWORKS）[1]公司设计的双肩包（右）。左边的包是以前“游中川”设计的，这款手提包最特别的地方是用袜子做的拎带（左）。

装饰着装的披肩和首饰，外出时防晒用的遮阳伞……这些小物件每一个都蕴藏着制作者和使用者的想法，以及他们对制作工艺细节的讲究之处。作为制作者的我来说，最重要的是能够透过商品让大家的生活更快乐，并且让自己在每一次的制作实践中得到不断的磨炼与创新。

1 包作品（BAGWORKS）：一家位于日本兵库县的制包公司，创业于1954年，擅长制造供各种职业使用的包。

▼ **便于外出旅行携带用的产品**

使用轻盈素材制作的小袋子（图1），把尺寸和颜色都区分开来有助于旅行和出差的时候使用。

用一个比较耐摔的盒子（图2）装首饰类饰品的话，外出会更安心。

1

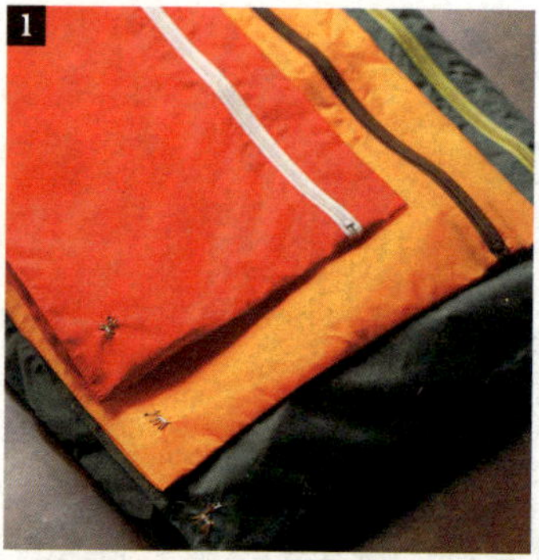

2

3

4

▲ **不同用途的袋子**

蛙嘴式小钱包（图3）。可以根据钱包上的图案来决定里面放些什么东西。包面设计的图案非常可爱，特别是蛙嘴式的开关是我最中意的地方。

贺喜时使用的红包袋（图4）。在对折层里有个可以放名片的内侧袋，非常便于平时工作上贺喜的时候用。

▼ **可以享用一生的手工遮阳伞**

这是我多年来喜爱使用的遮阳伞。我非常中意其手工编织的麻质伞面和用樱花树的木头做成的伞柄。这把伞是由当时可以代表整个制伞业的，前原光荣商店的熟练匠人倾心制作的。

▲ **围巾是服饰搭配的点睛之笔**

在简约的衬衫或者是编织衫上披上披肩，便能增加整体的华丽感。柔软的材质以及刺绣等上乘的细节，让搭配变得更有生趣。

◀ **造型简单的装饰品**

这些别针可以装饰在外套等洋装上，还能装饰在帽子和背包等小物件上。比起那些华丽的饰品来说，我觉得简约的设计看上去更高级。照片中的红白色心形饰品的表面是用漆上的色，另外一个樱花饰品的原材料是鹿角为原材料的工艺品。

探访工坊 ❸

三重“松岛线绳店”

人与生活的纽带——“伊贺线绳”

▶ 照片中的麻质流苏和绳结是过去制作的在正月里使用的装饰品。

对于中川政七商店的发展来说少不了来自全国各地的工坊、匠人以及厂商们的帮助。大家齐心协力，共同推进着商品的制作。

线绳是被广泛使用在钱褡[1]等季节性商品上的装饰品之一，是用途非常广泛且重要的装饰品。我有幸探访了位于三重县伊贺市的，长期以来为“游中川”提供线绳的“松岛线绳店”。

伊贺市是主要生产用来装饰日式服装线绳的产地，这些线绳一般被用作和服的带缔[2]以及胸部系带。在松岛线绳店里，祖孙三代一起挑战着各式线绳商品的制作，从传统的伊贺线绳到现代艺术作品等。

第三代传人松岛俊策和裕美（ひろ美）夫妇曾经在京都的线绳工坊进行过学习，并且在那里学会了线绳的“绳结”[3]工艺。第84页的绳结龙虾就是这两位送给我们的。我们在设计和制作工艺上有着比较复杂的要求，松岛线绳店不但能够耐心听取我们的需求，还总能呈现给我们完美的成品。

---

1 钱褡：指在中央对折处开口的长方形钱袋。摊开后可以从中央开口处把钱装进去。

2 带缔：指用在和服上，束紧腰部用的细绳，也有装饰的作用。

3 绳结：绳结工艺是指用质地上乘的线绳打成各种式样的结。书中第84页照片中的龙虾便是绳结工艺。

▲ 这是第三代传人俊策的母亲文代女士，她在使用一种叫“高台”的编织台传授手工编织的技术。

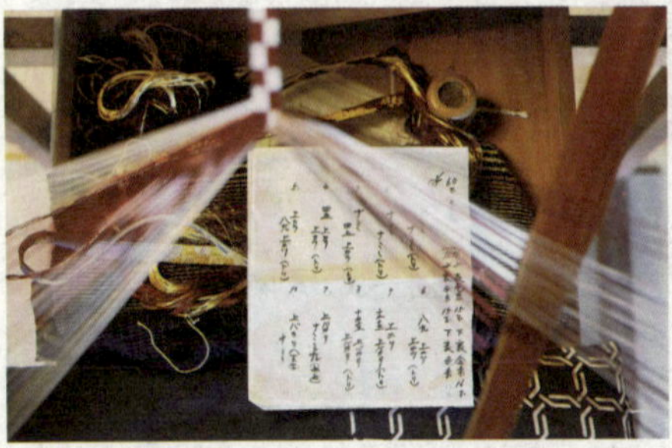

▲ 这是文代女士编织的带缔的“花样说明书”。如今能够看懂这种花样说明书的人已经越来越少了。

▲ 让手工编织进化为机械编织的线绳编织机。俊策先生说“为了尽可能接近手工编织的质量风格，经常需要对机器做一些细微的调整。”

▲ 用“圆台”将丝线卷有规律地反复交替位置进行编织。松岛家谁都不会死板地按照所学的方法进行编织，而是使用圆台进行自然编织。

▲ 在小花纹香袋和名片夹上使用线绳。松岛线绳店的线绳是从最基础的丝线染制开始制作的，所以可以根据搭配商品的颜色来配线绳。

源于生活，便于生活的小商品

一些日常生活小商品灵感其实来自我们平日最普通的生活中。

1 如果在这个可爱的小包里装上一套茶具的话，就可以随时倒上一杯茶了。旁边的包装纸也为之增添了几分调皮感。

2 木制盒子里面装着的是黄铜把柄的地毯粘毛器。因为设计得非常时尚，所以即使放在看得见的地方也不会介意。

3 这个瓶套可以翻折下来，所以无论是大的塑料瓶还是小的塑料瓶都可以使用。如果在我们平时使用的塑料瓶外面套上这些瓶套，那我们的心情应该也会变得更好吧。

4 这是宽72cm的大型衣架，可以用来晾晒浴巾。因为有足够的横幅晾晒浴巾，所以浴巾晒干后不会留下晾晒的痕迹，并且还能节省晾衣竿挂晒空间。

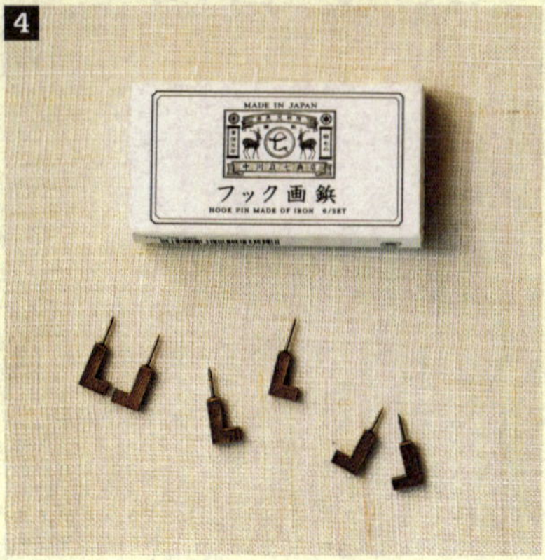

1 这是专门用来写名字做记号或是在厨房用的标签贴，标签贴上还有便于手撕的裁切压印。我经常在自己家的盒子和抽屉收纳中使用这种标签贴。

2 方便携带的图章盒，里面还有印泥。在盒子的内侧绣有能带来幸运和财运的鹿图案。

3 这个用来阅读专用的眼镜是由眼镜产地福井县鲭江市制作的，在看不清小字的时候非常有用。此外还配有便于携带的皮质挂带，非常方便。

4 这种小弯钩可以用来挂钥匙和饰品。如果同时用两个弯钩的话还可以将明信片竖起来陈列，是一款具有吊挂功能的图钉。

第四章

中川家的家规与我们爱惜的日用品

中川家的正月
——传承下来的味道与器具

庆祝每年的正月新年是中川家重要的习俗之一。在那个时候每个家庭都有做年菜和杂煮的习惯，这些年菜中也都蕴藏着各自从老一辈传承下来的味道以及一贯的风俗。

在中川家，年菜并没有使用重箱[1]来叠放，而是盛放在与料理匹配的食器里。记得我在中川家过的第一个正月，对中川家与娘家的不同习俗有些吃惊，但如今却对中川家这种将华丽的食器并排放在桌子上的生活习惯一往情深。

每一道菜都会被盛放在对应的食器里，类似煮物和山芋棒这些需要趁热吃的菜，会在每次食用前先加热再品尝。

1　重箱：一种漆器食盒，多以方形为主。里面装的一般是日本新年里吃的贺年饭菜。

过年时食用的杂煮是在圆形年糕、白萝卜、小芋头、豆腐这些食材中加入白味噌制作而成的。它的颜色就和奈良晒一样是单纯的白色。

现在中川家的年菜不但保留着祖辈们的味道，以及用惯了的食器，还照顾到丈夫的喜欢和孙辈们的需求……如今在正月里大家享用的是具有我自己风格的年菜。

◀ 中川家的白色杂煮，有点微甜，吃之前在上面撒上鲣鱼花再享用。

▲ 桌子上排放着大盘子和漆器，显得非常华丽上档次。（从下往上）庆祝菜肴被放在陶器中，依次镶嵌在装有拎手的漆盆里。红白萝卜丝和凤尾虾甘煮（加糖煮）正好和红白食器相配。孙辈们喜欢的照烧鸭里脊和煎大葱用加高的盆子整齐地摆放着。在各式各样的煮物料理上撒上柚子，装在大青花瓷盆中。海老芋（芋头的一种）和鳕鱼干的拼盘，丈夫喜欢的山芋棒同敦实朴素的食器非常契合。

◀▲ 上乘的黑豆要用大的铁锅来煮制

这是煮黑豆用的大铁锅。不使用钉铆的锅子不但有光泽还非常结实，因为盖子很重所以不容易打翻。这锅子是结婚时收到的贺礼，从那时起便一直用到现在。

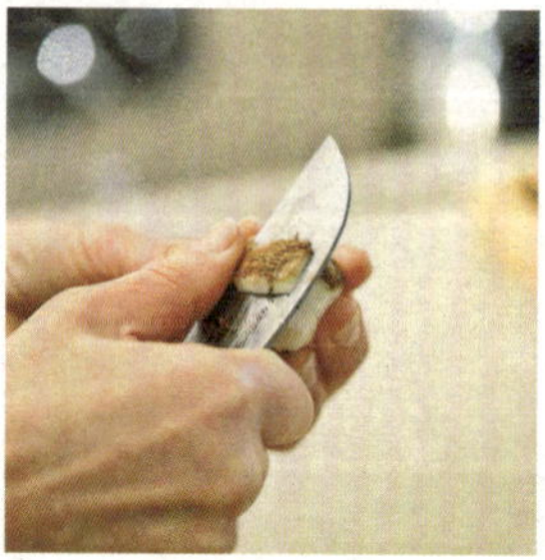

▲ ▶ **传承下来的工具**

这是中川家从过去便开始使用的短刀。这种刀的大小正好贴合手的大小，所以在剥小芋头粗糙的外皮时显得十分得心应手。

◀ ▲ **传承下来的味道**

虽然我对一般的调味料并不讲究，也不是说一定要用哪个牌子，但做杂煮时使用的味噌却一定会用大阪池田屋的白味噌，这是中川家世代使用着的调味料。黑豆也习惯了用大颗的丹波黑大豆。

盂兰盆节的贡品与膳食

中川家世代每逢公历8月13日这天便会迎来先祖进行供奉，再于15日送走他们。这是中川家盂兰盆节[1]的习俗。

在老家的天井中，我们还供奉着死后无人祭拜的灵魂们，我们

1 盂兰盆节：是日本人祭祖的日子。

并不计较这些亡魂到底是谁，只要他们来便能品尝到我们供奉的食品。供奉的食品是在一个木盒里，铺上莲叶，上面装上各种颜色的蔬菜、水果、点心和年糕等七种食物，旁边放上用麻秆儿充当的筷子。这个木盒和挂在屋檐下的铜丝，是在我嫁进来之前就已经开始使用的老物件了。

下一页照片的膳食是在8月15日这天用来供奉祖先的贡品。这种贡品是将七种食物装在白色的食器中，然后再供奉给中川家五代祖先的。在祭拜完祖先后撤下来热一下作为当天晚餐中的一个菜吃掉。

与祖先们一起度过的盂兰盆节，是非常珍贵的三天。

◀ ▲ 供给祖先的膳食是用葫芦干、豆腐皮、香菇、牛蒡、小芋头、油豆腐混在昆布高汤中煮制而成的。上面撒上柚子增色，同白饭一起供奉。

▼ 营养糕的配方

材料：小麦粉，小苏打，马铃薯，虾米，醋，盐，砂糖，水。马铃薯切碎与其他材料混合，蒸15分钟。制作非常简单。

照女士的配方

前些日子，我在收拾仓库的时候找到一本旧笔记本。这是第10代政七的妻子，也就是我们的祖母照女士写的“万觉账”[1]。

祖母的身体直到我儿子读小学为止都很硬朗，大家也都亲切地叫她“神气的祖母”。我们再来翻看下照女士的笔记本上都写了些什么。上面记载着中川家在为新年、盂兰盆节、冰室神社祭祀节等一年间重要活动准备菜肴时必须购买的食材清单以及菜单。其他还有梅子干和味噌从哪里进货的记录以及点心的配方。

我虽然至今还记得一些照女士做饭的场景，比如用糠床[2]腌渍黄瓜和茄子，煮饭煮到要沸腾的时候，她总爱把锅盖打开反复往里吹气，然后美味的白饭就煮好了之类的，但并不记得她对做菜也很

1　万觉账：记事本。

2　糠床：装有拌了盐的米糠的桶。日本人一般用来腌渍蔬菜。

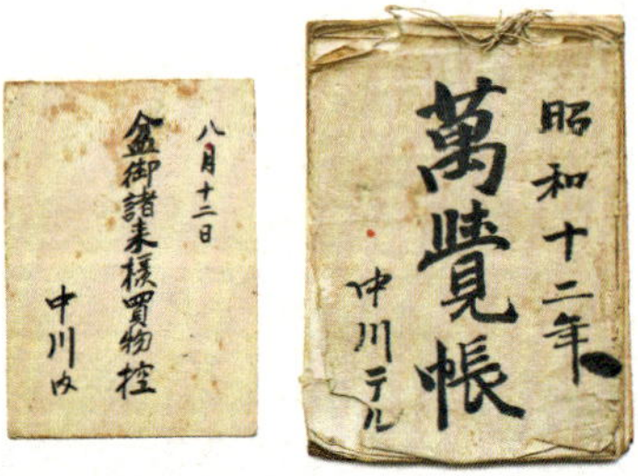

在行。所以当看到照女士留下了那么详细的配方后还是觉得非常吃惊的。笔记本上有个“营养面包”的配方，这让我对80年前中川家的人吃的是什么样的面包产生了兴趣，甚至现在我还把它还原了出来。

这是用小麦粉和马铃薯等普通家庭就有的食材混合在一起后蒸出来的制作非常简单的面包。在那个年代还没有类似量杯量勺等计量工具，所以配方中只能靠汤勺、茶碗和茶勺来做计量标准。

这让我们能够在品尝着朴素味道的同时，也继承了祖辈们来源于生活的智慧和窍门。

珍惜万事万物

最近经常听说“简单生活”这样的词语。就我来说，珍惜万事万物，让他们能够持续使用下去便是一种简单的生活方式。

一见钟情啦，以什么契机偶尔相遇啦……这样的邂逅，我觉得不论是对物还是对人，意义都是一样的。在经过漫长的岁月之后，我们都会在突然看到某样东西时回忆道“这不是那时用过的东西吗”，觉得那是无法被替代的宝贝。

在中川家的大仓库中，有很多祖辈们留下来的东西。有家具、器皿、麻纺织品等，都是一些生活中用惯了的东西，这些东西流露着某种说不清的独特存在感。被这些老东西吸引的我，会借着收拾的机会找一些自己喜欢的然后把它们带到现在的生活中使用。

虽然其中有很多东西坏掉了，但除了类似钟表这些需要借用专业匠人的手来修理的东西以外，其他可以的话我都会自己修理。这

◀ 在仓库中发现的法国制旅行用钟。经过匠人们的修复现在正放在起居室中使用。

就和现在我自己的生活方式一样，一边下功夫动脑筋一边在对自己的重新审视中修正自己。修理这些东西的时光也是非常快乐的，其中金缮在修缮行业中是最具有特色的修补方式。

金缮始于茶道盛行的室町时代，就是在器皿破损的地方黏上漆或者填入漆进行修缮，最后涂撒金粉或者银粉进行修饰上色的一种修补方式。被金缮修补过的地方勘称“景色”一样美丽，这种让破损的地方变得更惹人注目的意识正好体现了日本人珍惜万事万物的精神吧。

▲ 将漆和金粉用笔或者雕刻刀等道具进行金缮。

▲ 经过金缮修补后重生的器皿。最前排左边的器皿用漆进行了黏合，我很期待它完成修复后的样子。

季节的问候

3月，奈良东大寺二月堂的汲水节具有春季到来的寓意。虽然天气还有些冷，但已经能够略微感受到一丝春天的气息了，那时我们会给一直关照着中川政七商店的人们送上春天来临的季节性礼物。送的礼物是只有在这个时期才可以买到的奈良代表性点心“山茶花和果子”（糊こぼし）[1]。这是以在汲水节期间,装点安置主佛的须弥坛四角的山茶花为形象制作的点心，看上就非常艳丽喜庆，让人舍不得入口。

“山茶花和果子”是由江户后期创立的奈良传统名贵日式点心店“万万堂通则”制作的，也是中川家每年必买的点心。它有着上乘而又不过分甜腻的口感，复古的包装盒也很是可爱，非常适合作

1 山茶花和果子：一种具有奈良地方特色的点心，点心形状如在花瓣上撒上白点的山茶花。

▲ ▶ 二月堂前的开山堂中盛开着一种红白相间的山茶花，这种山茶花的花瓣上仿佛被人泼洒上了白色斑点，甚是娇人可爱，这种山茶花还被制成纸花点缀在须弥坛的四周。于是，万万堂通则和果子铺便以这种山茶花为原型制成了季节限定出售的山茶花和果子。

为礼物馈赠于他人。

在祖父第10代政七还健在的时候，听说会把自家腌渍的奈良腌渍品在中元节和岁末当作季节性礼物送给别人。和我们有渊源关系的百货店的人曾向我打听“听说过去你们做的奈良腌渍品很好吃呢”。

如今虽然季节性礼物被“山茶花和果子”替代了，但仓库里还放着当年用来做奈良腌渍品的壶，如果有机会我还是会想再试着用来腌渍些什么的。

季节性礼物并不只是单纯的礼物，而是怀着愉悦的心情通过赠送礼物的方式与大家分享这份来自季节交替的喜悦。

用花草装饰房间

在“游中川”举办设计展的那会儿，我们在离总店稍微有些距离的地方开垦了一片田地，在那里种了些花店很难买到的河原瞿麦、山龙胆、鹅掌草、野菊花等花草。这些花草被装点在总店客厅的地板、各式架子，还有店内的四方架上，让顾客在享受商品的同时也能同时享受到花草带来的乐趣。

那时，因为很欣赏散文家白洲正子女士非常感性的一面，所以经常阅读她写的书籍，其中有本书记载了关于花道专家川濑敏郎先生的一些事。我对此非常感兴趣，所以参加了在名古屋某宾馆举办的川濑敏郎花会。

在那场花会上与川濑敏郎先生的相会在我心中留下了深刻的印象。比方他对我说“花道不能教，只能通过自己去体会”，花朵的搭配，自然插花的围根造型法，还有即便是同样的花根据器皿不同

▲ 阅读川濑敏郎先生和白洲正子女士的书，会让自己跟着去探寻花卉世界更深的地方。

▲ 用夏天的绿色和无瑕的白色来迎接客人。美丽的花瓶是白瓷陶艺家黑田泰藏先生在游中川举办的个人展中展出的作品。

所呈现的表情也会有不一样之类，这些都是需要自己去实践才能够理解的。

最近买了一本叫《茶碗和茶室：茶道有未来吗?》(新潮社)的书，书中有川濑敏郎先生对花道变化的阐述，我想这本书白洲正子女士应该也想看的吧，想到这里不禁感叹岁月的流逝。

在新家的庭院里我也开辟了个花坛，在这里由中川政七商店的职员种下了很多花苗。

在繁忙的时候，拿庭院中盛开的花草来装点房间，心情也像被治愈了一般舒适。

1

2

3

4

5

6

7

8

◀▲ 插在藤编花瓶中的风铃草，旁边是从中国购得的可爱的象牙布袋和尚（图3）。在印有正仓院文物花纹“花鹿”的手编麻质粗布挂毯前配上朴素的信乐烧花瓶，并在花瓶中插上微微透着红的野漆树树枝（图6）。吉田佳道制作的篮筐里插着鸣子百合和六月菊（图4），其他的花卉装饰是用仓库中找到的花瓶插上牡丹、鸢尾花、耧斗菜等野花野草组合而来的。

▲ 插着鸣子百合的花瓶是吉田佳道的垂吊和玻璃艺术家鸟本雄介的花瓶组成的。长长的垂吊和细细的花瓶的偶然邂逅成就了这绝妙的平衡感。

▼ 日式房间中因为有了衣柜，所以可以慢慢挑选和服配饰。

从和服中获得乐趣的每一天

受喜爱跳日本舞的母亲的影响，我从六岁便开始学习日本传统艺术。因为跳日本舞时可以穿着和服，所以在这些日本传统艺术中，我最认真去学习的应该就是日本舞蹈了。

我从小便对和服有种亲切感和熟悉感，所以在“游中川”的设计展上也经常以和服亮相。

我在穿和服外出的时候，会根据季节和出行目的来决定穿什么样的款式，配什么样的腰带及长衬衣。另外还要考虑细绦带[1]、带子里的衬垫、半衿[2]这些装饰小物件的搭配最终能展现什么样的着装效果。对我而言考虑和服与装饰物的颜色以及花纹的时刻其实是很幸福的。另外，我还觉得穿着后的保养也是非常有意思的事情。

---

1 细绦带：束紧和服用的带子。

2 半衿：内衣领。

此外，在缝制完茶具用的布袋和小绸巾之后会留下许多名物裂的边角料，扔了觉得太可惜，所以就将这些边角料缝合在一起做成半幅带[1]或者手提包。

这次总算能将衣柜放进新家的日式房间里了。过去在旧居中因为衣柜一直被放在卧室里，所以只能在床上整理和服。但是，现在我很高兴能在日式房间的榻榻米上将和服尽情展开进行整理，还能在平时尽情地穿和服。

1 半幅带：穿着和服时系在腰部的宽带子。

▲ **日式缝纫工具**

在仓库中找到的日式缝纫工具，便于长衬衣和半衿的缝制，让工作更方便。

▲ **和式工作款**

伊兵卫制作的围裙，在从事打扫庭院等工作的时候穿着。

1

2

3

◀▲ 平常让穿和服变得有乐趣的小物件

这是夏天穿的印有蜻蜓和秋日里花草图样的日式浴衣[1]。麻质地的半幅带（穿着和服时腰部系的带）和零星杂物是以前“游中川”的产品，直到现在我还小心翼翼地使用着（图1）。漂亮的刺绣半衿给人上乘的感觉（图2）。这是曾在前面介绍过的，用有名的丝织布料名物裂制作的半幅带以及小袋子，这些饰品可以为日式服装增添华贵感（图3）。

1　浴衣：日本人把夏天穿的，简易和服式样的衣服称为浴衣。和中文的浴衣是有区别的。

我的家

家有着各种各样的作用，我们可以根据使用目的的不同对它做一些装饰。

客厅是整个房子的中心，是家人和伙伴一起共度时光的重要空间。有足够阳光照射的明亮且宽敞的屋子，配上沉稳色调的家具，以及与其色差相反的抱枕等装饰小物。装饰小物不仅平衡了色差，还能给人带来情趣。我还在客厅里铺上了地毯，这样孙子们来家里时就可以坐在地毯上玩，还能打打滚睡睡觉，度过悠闲的时光。

日式房间是个可以给人提供安逸氛围的场所，在这里可以静下心来插插花，整理整理和服。我还在日式房间内装上了过去老家用过的老式拉窗和格窗，正是这些有味道的老东西营造出了怀旧温暖的空间。此外，为了能够随时随地在这里品茶，我在地板里镶嵌了火炉。这样一来这里还成了可以接待客人的茶室。

此外，明治之后，西方的生活方式开始渗透进一般家庭，比如说过去不常用的椅子已经成为现在日本家庭生活中不可缺少的东西了。可能是因为我自己很喜欢椅子，所以我在家里放了很多把椅子。有起居室宽敞舒适的沙发，有吃饭时使用的餐桌椅，还有季节性装饰用的椅子……每把椅子都发挥着它们自己的作用。

▲ 抱枕是与美国印刷界的领头羊“群实业”（House Industries）合作，以“游中川”的商标鹿、日本屋顶的瓦片、神社的拉铃为主题图案制作的。地毯出自堀田地毯的手工品牌考特（COURT）。

◀ 这扇连接地板的壁龛[1]也是老家的东西。在我前方的是吉田佳道[2]先生制作的篮筐花瓶以及花园树斋的铜水瓶，这些装饰品营造出了纯和风的氛围。

◀ 利用总店装修时不要的拉门，重现了老家的日式房间。

1　壁龛：最早在宗教上是指供奉佛像的小空间。如今在现代家庭装修上，是指一种把硬装和软装相结合的设计理念，指在墙身上所留出的用来作为贮藏设施的空间。

2　吉田佳道：出生于1962年，1988年在大分县别府市学习竹工艺，1993年在长野县安昙野市成立独立工作室，是日本竹艺制作大师。

◀ **给喜欢阅读的自己指定席**

我在连接西式房间和日式房间的走廊里设置了书架，还在这里放置了可以轻松阅读的座位，这是专属于我的指定席。

▶ **能够感受自然的椅子**

在“游中川”的设计展上，铁质造型艺术家盛清千惠子女士和五味健郎先生展出了他们许多优秀的作品。照片中是由他俩的工作室“山麓atelier”制作的名为“椅子和鸟”的座椅。坐在这把椅子上遥望庭院中的花草，心情便能恢复平静，得到治愈。

◀ **在浴室里放把可以放松身心的椅子**

这把放置在浴室中的凳子是来自卡特尔的“石器”，在受到日光的照射之后便能闪闪发光。

▲ **适于眺望的椅子**

这是我们家的特等席。坐在这里一边享受着微风拂面的感觉，一边眺望着池水中的水鸟和远方绿色的树木便能缓解疲劳的双眼，同时也能慰藉心灵。

▲ **装饰用的椅子**

这是借着举办“游中川”设计展得来的参展作品，是由漆器工艺师赤木明登先生制作的椅子。我觉得这把椅子与其坐不如用来装饰，于是便在椅子上放上了顺应季节的花朵来做装饰。

我生活的地方——奈良指南

去常去的老店走走逛逛

▶ 从东大寺戒坛院到大佛堂建议从这条后巷慢慢散步过去。

自从来到历史悠久的奈良古都生活，不知不觉已经迎来了第44个春天了。在这里我给大家简单介绍一下奈良。

中川政七商店创业的地方叫“奈良町”，这是一条充满欢乐的街道，这里有我和丈夫熟悉的日本料理店“鹤由”（つる由），还有中川政七商店员工喜欢的日式点心商店“樫舍”（樫舍）。

在冰室神社后面有一处叫“依水园”的地方，在这里可以欣赏到四季不同的美丽风景。过去这里曾是奈良晒的日晒场地。听说这个庭院的前身曾是买卖奈良晒的德川幕府御用商人清须美道清在江户时代前期作为别府设置的。

在12月31日晚，即将迎来新年之际，我们从依水园前经过到东大寺的中门去进行新年祝祷。因为这条后巷（见上图）中的行人比较少，所以我们一直都是从这条路走去中门的。新的一年到来之时，如果从中门望向大佛堂能发现透过那里的小窗可以直接看到大佛的脸（一年之中只有这天和8月15日这两天有这样的机会）。进入佛堂便能看到几位僧人在那里念诵经文，回首这一年的喜怒哀乐，怀着对新一年的展望，我和丈夫双手合十在那里进行了虔诚的祈祷。

▲ **日本料理“鹤由”**

河田仁纪先生总会在美丽的食器中装上用当季新鲜食材制作而成的美味料理来款待丈夫。这一天，我们吃了用海参、嫩藕、冬瓜制作的夏季茶碗。和家人一起在这里享受到了四季带来的不同味觉盛宴。

▲ **“萬御菓子誂處樫舍”**[1]

这是使用奈良吉野的顶级本葛[2]和用丹波红豆炒制的红豆沙制作而成的具有松软口感的“葛烧”。将店主喜多诚一郎制作的美味糕点配上赤肤烧[3]或者奈良漆器享用也是一件让人非常愉悦的事情。

▲ **依水园**

“后园”池塘中过河的踏脚石是当时在奈良晒制作过程中使用的圆形推磨石，另外还有水车房，这些东西不禁令人想起过去晾晒奈良晒的旧光景。

▲ **“游中川”总店 / 奈良三条店**

具有沿街商铺风情的中川总店还留有过去奈良生产现场的影子。在三条街的日本市集上售卖着许多可爱的土特产。

1　萬御菓子誂處樫舍：位于日本奈良的日式点心定制店。该店还给奈良的春日大社和药师寺制作点心。客人可以在此店的二楼品尝到现场定制的点心。

2　本葛：葛粉是从藤本植物葛根中提取出来的一种纯天然营养品。

3　赤肤烧：用含有铁成分的红色土烧制出来的上等乳白色陶器，触感柔和，气质优雅。因奈良市西部的“赤肤町”而得名。

为中川政七商店所珍视的“季节与大事记[1]”

体现四季风情的风格，一年中喜庆的活动和风俗习惯等，这些都是需要被珍视的日本传统文化……

1 具有吉祥寓意的宝船桐箱装饰镜框。用麻质面料做成的船帆上绣着象征喜庆吉祥的松竹梅。

2 在深红色的麻质面料上画上镜饼[2]的小挂毯。镜饼上用金线华丽地绣上了一个橙子。

3 使用“注染”[3]这种别有风格的印染方法制作的薄面手帕，上面印有垂下枝头的樱花图案。

4 从平安时代传下来的“贝合连连看”[4]玩具。“游中川”的产品不仅让产品具有不同的表情，还散发着淡淡的樱花香，给顾客带来五官上的享受。

---

1 大事记：记录一年中重要事件的本子。

2 镜饼：指供奉给神灵的扁圆形的年糕。日本的家庭在过新年的时候，装饰在家中，祈求新的一年平安顺遂。

（转下页）

1 这是出自前原光荣商店的熟练职人之手的麻质遮阳伞。伞面的布和里面的伞架是可以更换和修理的。

2 可以从这把京扇子中感受到老店宫胁卖扇庵匠人们的精湛手工艺。扇面上绘有隆冬飘着“绵绵小雪”的场景，不禁让人感受到了丝丝凉意，同时还向我们展现了具有日本特色的感性一面。

3 这是有辟邪寓意的彩绣香袋装饰品。使用麻质面料，滋贺县长滨市的轮奈天鹅绒，以及纯丝编织绳制作而成。

4 在平城迁都1 300周年之时，特别制作的奈良纸牌。纸牌上画着关于奈良由来的各种各样的图案。

(接上页)

3 注染：是将防染糊透过模板涂在布上，折叠布料，重复涂抹，直到整卷布料正反面都涂有糊浆再将布料放上台子，反复注入染料，直到双面上色。多用来制作夏天使用的手帕。

4 贝合连连看：日本平安时代便有的一种游戏，大概就是在一大堆绘有金银画的贝壳里找出成对的，亦是后来和歌纸牌以及花札游戏的前身。江户时代此游戏广为流传，装满这些贝壳的贝桶更成为重要的嫁妆之一。

第五章

岁月交替，直面自己，与人相遇

▲ 我在书架上设置了世博会一角。世博会闭幕后，所有的会馆都被撤走了，主题馆的“太阳塔”是唯一被保留下来的。现在这座“太阳塔”正“威严”地陈列在我的书架上。

我的原则

我一直把“寻找快乐”记在心上，记得我第一次真正意义上寻找到快乐是在1970年大阪世博会上。那时我担任世博会的向导，和其他大会员工一样，大家怀着“一定要把能象征日本高速成长的活动举办成功”的想法拼命工作着。

世博会结束之后我体验到了前所未有的“成就感”。

父亲常把“中庸能致德”这句话挂在嘴边，为了搞懂这句话到底是什么意思，我重新查阅了许多资料，发现记载着的却是“中庸至德”。其实这句话有很多种解释，那时的父亲到底想要传达什么意思呢？记得还是小学生的时候，我对自己并没什么要求，什么事情都认为“只要做到一般就可以了”。也许正因为这样，当父亲在世博会上看到那样努力工作的我时应该是有些吃惊的吧。作为对努力工作的我的奖励，父亲在世博会结束之后邀请我和他一起去了中国香港和中国澳门旅行。

在世博会上体会到的成就感对我人生的转变产生了很大的影响，促使我将来要努力向前，不断挑战新事物。也明白了努力并不是忍受不愉快的过程，而是愉快地去享受这个过程。我相信通过努力之后获得的成就感一定能够实现，并不是忍受着不愉快的努力，而是为了愉快而去努力。我更相信成就感可以成就一个全新的自我。

通过阅读重新审视自己

去年，儿子在总店向我介绍了一个人，他是选书师幅允孝先生。幅先生平时给我们中川政七商店的网页“产地：工艺与寻访”一栏写些关于旅行的连载文章，也在网页上推荐一些好书给读者们。

第一次见面的时候，幅先生因为忘记带名片，所以自我介绍道“我是巴赫（BACH）公司的幅”。当时我有些懵，脑子里充满了疑问，没能马上将他的公司名称和他的名字联系起来。

第二天，幅先生拿着名片过来并把他写的书《书可以不看，但不妨也试着读读看》（晶文社）送了给我。当我读到书中“那时的我经常买书……”的片段时，不禁叫出了声，“哇，这里和我的经历一样”。

我的父亲很喜欢看书，他小时候还向往过成为小说家。在他还是小学生的时候曾写过50张原稿的小说，但那些原稿后来被战火

▲ 幅先生写的书中，介绍了许多其他优秀的书籍。多亏了幅先生，让我能够读到更多更好的书。

▲ 这枚印有“御世子藏书”（みよ子藏書）字样的图章是父亲特意给我定做的。现在我也为喜欢阅读的孙子做了同样的图章。

▲ 我在初中、高中时便把河出书房的书看了个遍，现在书架上还珍藏着这套绿色的精装书。其中对于玛格丽特·米切尔的《飘》我还和朋友交流过读后感。中川政七商店的品牌经理石田香代小姐也非常喜欢这个故事，我也愉快地和她在一起讨论过各自对这个故事的感受。

烧光了，对此事我父亲一直觉得很惋惜。就因为有这样一位爱去书店买书的父亲，所以我也能搭上父亲的顺风车一起去书店看书。

当我看到在幅先生写的书中出现了以前我也曾看过的书的名字后，便对他的书更着迷了。还试着回忆当时的自己是带着什么样的想法在看这些书的。体会到即便是同一本书，因为读者的不同，从书中获得的感受也会不同。想到这里就很开心，更加喜欢这些书了。

一日之计在于晨

我的一天是从收获家中菜园里种的绿叶菜和香料开始的。迎着晨光采摘自己种的菜，感到特别神清气爽，心情也变好了。把刚采摘的新鲜蔬菜和水果做成思慕雪当作早餐享用可以从中摄取各种营养。在黄绿色的油菜、胡萝卜中加入含有丰富维生素的草莓、猕猴桃、香蕉……再加一些西芹和黄麻，能补充身体缺少的营养成分，蔬菜中含有的酵素还能帮助身体消化和吸收营养，用香草调味还能增加整体的香味。

在餐桌上铺上经过漂白的麻质餐具垫，摆上黑田泰藏先生制作的漂亮的白色薄口马克杯。线条柔美的盆子和刀叉组合是出自木工艺术家三谷龙二先生之手的。这些都是我在“游中川”设计展上看中的展出品。在这样纯粹的时光中享用早餐，不但能够得到五官上的享受，还能整理自己的心情。

▲ 这是清晨在家里菜园中采摘的绿叶菜和苹果，还有薄荷等香料。

▲ 用料理机将蔬菜和水果连同核一起碾碎，这样便能完全获取蔬菜和水果的营养。在忙着准备早餐的时候围裙也积极发挥着作用。

▼ 在“游中川”的设计展“纯粹的时光”上，我们提议将三谷龙二先生的作品与漂白的麻制品放在一起展览，让参观者能够切实地从生活中体会到木制品带来的柔美以及麻织品的手感。黑田泰藏先生的白色马克杯让清晨的餐桌变得更清爽。可以把思慕雪装在“这”（THE）品牌造型简单的玻璃杯中尽情享用。

所谓岁月

丈夫刚去世那会儿，我对“死亡”变得离自己如此之近感到不知所措，这是一种从未有过的感觉。就在那时儿子向我推荐了一本叫《鹤与花》（つるとはな）的杂志。我在这本杂志中读到了一篇关于对宇宙飞行员向井千秋先生的母亲内藤蜜女士的采访。

这位母亲平常的活动是很难让人与她已经超过90岁的高龄联系起来的。其实直至那会儿我还从未从书中得到过什么激励。但是看了这篇报道后让我觉得“自己原来还如此青涩，我的人生才刚开始啊！”，体内涌现出了好好活下去的力量。

现在我也学着那位母亲，用智能手机计算每天行走的步数，尽可能多地选择步行。

在衣服选择上，年轻时是根据“喜欢的款式”“合适的款式”来选择的，就算不试穿也没有关系。但是，随着年龄的增长突然

就有了“咦？”这样的感觉。虽然“喜欢的款式”没有变，但是“合适的款式”却好像出了些偏差，即便这样只要自己喜欢开心就好。

随着年岁的增长，不论是几岁了，只要对万事万物始终保有兴趣和好奇心，那新的想法就会自然而然地产生。这同创新也是有联系的，所以人还是要不断磨炼自己的。

▲ 这些植物等到收获之后就能做成思慕雪或者沙拉享用。

▲ 锄头等铁器类道具出产于新潟县燕三条。篮子是在仓库中找到的。

▲ 公司的员工在帮忙整理花坛。

将来的目标

2016年末，我们离开了老家那个住了很多年用仓库改装过的家，搬到了新家。丈夫当时的希望是每天都能过上悠闲的生活，所以特意将新家造得非常宽敞舒适。可是，在新家造好之前丈夫便去世了，于是我问自己“从现在开始的每一天我还能过得悠闲自在吗?”，答案是“不是这样的……”，于是我便想这个新家还能用来做些什么呢？我想到了“让它成为一个大家能聚集在一起的地方”。

家人聚在一起是肯定的，还有公司的员工。对我来说公司的员工就像我自己的孩子一样。创造一个有吸引力的空间，让年轻的员工们都有“想去那儿”的想法，是我现在想要达到的生活方式。大家在这里一起谈心，偶尔一起吃饭，一起收获菜园里的蔬菜，一起烧烤野餐。要是还能够召开日本文化学习会，一起赏花赏月，举办具有季节性的活动，那该是多么美好的事情呀。

如果我目前为止积累的人生经验，能够给下一代人带来借鉴的话，我时刻准备着传授给他们。我觉得没有比将来能够帮助年轻一代，为他们加油助威更快乐的事情了。

关注大家的成长是我重要的价值以及目标。

将“理所当然”升华

记不清什么时候，孩子们对我说“妈妈你总是说‘请随便吧’这样的话”。这样说来，我记得当孩子对我说“我想……”的时候，虽然我不赞成，但除了绝对不行以外我还会说“请随便吧”。之所以这样说是因为孩子们听了这话之后便会重新独立思考经过判断后再行动。这样即便没有达到结果，他们也不会为自己辩解说“都是因为父母反对”，也找不到反抗的借口。

儿子淳还是小学生的时候，踢足球曾是他的目标，每天早上很早便去学校踢球了。班主任曾对我说，倒不能说淳球踢得比其他人好多少，但除了和淳讨论如何在恰好的位置射门之类关于足球的话题以外还会和淳商量些其他各种各样的事情，而每次他都能从我儿子那里得到准确的回答。我也时常会将各种事情同儿子商量，有时甚至还会被他告诫些什么。从小儿子就是个情绪非常稳定的孩子，并没有叛逆期之类的时期。

他六年级的时候，在奈良县大会足球决胜局的点球大战上，作为守门员扑出球的那一刻，是我有生以来最兴奋的时刻。那时的光景我到现在还清晰地记着。那年夏天他们足球队进入了全国前八强，我和丈夫也跟着去了东京并住了下来，每天早上便去读卖足球场给他加油鼓气。在去会场的电车中，我看到印有标题为“八人守护神”的新闻，儿子的照片也被大大地刊登在了上面，不由自主地叫出声“爸爸！淳被登在新闻上了！”。其实是儿子教会了我和丈夫更多的感动和欢乐。

儿子一边在热心老师的门下学习足球，一边还要为中学考试去气氛紧张的补习班。虽然这两样同时进行是件非常不容易的事情，但他一次都没有说过不想去补习班这样的话。想到当时儿子的心情，到现在我心里还会难过。我想儿子正是因为把考进能进全国比赛的学校当成目标，所以他才会这样努力吧。

儿子进中学的那会儿，丈夫对他说“可能现在这样对你说还有些早，但我对你的为人是认可的，所以从现在开始你要负责任地对自己将要做的事情做出判断。但是，当你真的决定想要去做某件事情的时候，你必须是切实具备这个能力去做的”。父母就算能给孩子创造出良好的环境，但最终还是需要孩子自己去挑战。因为只有靠自己的双手争取回来的才是最有成就感的。

初中和高中的时候，儿子并没有怎么用心去念书，成绩也一直处在低空飞行的状态，我和我的丈夫却并没有因此担心，儿子还经常和他的朋友聚在一起玩耍。虽然我听说这个时期的男孩子不太和父母说话，但我和儿子之间却能开类似“淳，男人不说话就是札幌啤酒哦”之类的玩笑，他还非常喜欢和我们在一起说话。儿子是个吃货，所以有时间的话我们便会一起外出吃饭。

我想从初中到高中这六年，正是因为有很多朋友陪伴在左右，才养成了儿子现在良好的为人。

至于我的女儿亚纪，她在小学六年级的时候便代替公公参加了“奈良丝绸之路博览会”的展出。之后，公公去世了。因为只剩下婆婆一个人，所以我们将老家仓库的一部分改造成可以住的地方，全家四口人搬了过去。与此同时，我也正式开始了“游中川”的工作。

女儿小时候虽然没有什么特别喜欢的东西，但自从初中二年级体验过骑马之后，便对骑马情有独钟起来，放学后经常直接去马术俱乐部练习。她对和朋友一起上街买东西、看电影这些完全没有兴趣，反而在高中生的时候，参加了国民体育大会的马术比赛，还得了奖。

心爱的马地瓜（KIZUMO）生病的时候，不论是发低烧还是身体不适，她都会去马术俱乐部亲自照顾，还因此立志要成为一名兽医。大学毕业后她的确干了一年左右的兽医，现在作为三个男孩的母亲，专心致志照顾孩子。

她选择作为职业主妇正好是我开始工作的时候，那时的她一定感到非常寂寞吧。

我很喜欢东京，也喜欢和同样非常喜欢东京并住在新宿伊势丹附近的女儿一起买东西，边吃午饭边听她说说关于孙子们的事情是件非常愉快的事情。

在东京的时候我便住在女儿家，所以晚上就和孙子们一起玩中川政七商店的“日本工艺版大富翁”。

在我要一边照顾孩子一边工作的时候，有三个人始终在工作和精神方面给予我支持，我们在一起度过了快乐的时光。他们是“游中川”的第一代店长森部松代女士，还有将我设计的商品样品通过手工精心做出来的森礼子女士和森永富美子女士。因为三个人的姓中都有一个“森”字，所以我一直把他们叫作“3M女士”[1]。我之所以能走到今天也正是因为有她们三个人的存在。

1　3M女士：因为日语中“森”的发音是“MORI”，所以三位名字中都带有“森”的女士合称为“3M女士”。

在宣布儿子继承成为第13代政七时，她们三人一起到奈良会场见证了这一时刻。

关于家庭和工作的两立情况，我想大部分工作着的母亲都有她们各自的烦恼。我不论是养育孩子还是工作，都是按着自己的节奏一段一段把经验积累起来。在个人能力得到提高之后，之前努力过的那一段就变成了理所当然的事情了。然后再把自己从那理所当然的一段提高到另一段，就这样顺着楼梯反复地一段一段往上爬。我总觉得把自己提升得越高，就能够看得更远，生活也会更充实。

▼ 2016年的新年会上我和丈夫还有儿子的合影（图1）。在宣布继承第13代政七的仪式上，我们和特意到来的“3M”女士的合影。我旁边的是森礼子女士，政七右边的是森部松代女士和森永富美子女士（图2）。女儿亚纪大学毕业典礼上拍的照片，如今的她已经是三个男孩的母亲了（图3）。

1

2

3

▲ 中间的照片是儿子生日的时候我给他们拍的，儿子身边的是祖母照女士，挨着祖母和儿子的左右两位分别是婆婆和公公，另外就是丈夫和女儿亚纪。还有孩子们一年中在传统节日活动上的照片，以及儿子做足球守门员，女儿在马术比赛上的照片，这些照片都给我们留下了许多美好的回忆。

和樱花一起……

大约20年前，在现在茶具部门所在的办公楼土地上，丈夫种下了一棵名叫染井吉野[1]的樱花。当时樱花的树干还非常细，一副弱不禁风的样子，不知不觉现在已经长大很多了。每年，大家都会围绕在樱花树下边赏花边吃烧烤。其实当初我们是想着将来如果新家造好了就将这棵樱花树移植过去的。

记得在造新家的时候，我和丈夫暗暗定下了“每天都要过得悠闲”的口号。我们想着要是在家里的庭院中种上樱花树的话，每到春天便能天天在家中赏花了。所以当时还是很期待的。

我们请来了“天空植物园”[2]的西畠清顺先生为我们移植樱花

1　染井吉野：日本樱花的一种，又称吉野樱。

2　天空植物园：坐落于日本东京代代木村内的植物园，由东京当红的“植物猎人”西畠清顺操刀主理。

树，他曾亲手为中川政七的园艺店“花园树斋”种下季节性盆栽。

被誉为植物猎人的清顺先生在东日本大地震后的一年，以震后复兴为目的，将日本全国都道府的樱花迁植到东京有乐町，成功实现了让这些樱花同时一齐盛开的奇景，是一位植物界的专家。我们找来这位有名的植物专家，与他商量“是否能替我们把樱花树移植到新居”。他告诉我们移植不但需要花费两年的时间，还必须切除一半的根部。这对于本来寿命就不长的染井吉野樱花来说是很大的负担，所以他并不推荐我们进行移植。但是我却不想放弃，觉得应该还会有其他方法。于是清顺先生向我提了一个意想不到的方案。

他的方法便是请来有“人间国宝”[1]之称的染织家志村丰美（志村ふくみ）和志村洋子女士，用他们那间具有艺术传承精神的志村工作室（Atelier Shimura）把丈夫种下的樱花印染进丝绸。

听了这个主意，我非常赞同！可以说简直是开心到不能自已。有了这个绝妙的主意，即使樱花树不能被移植到新家中，丈夫也一定会很开心的。用樱花染成的丝绸将来还可以用在孙女成人礼穿着的服用上。

---

1 人间国宝：日本非常重视文物保护，对无形文化财产（如戏剧、音乐、工艺技术等）以及各类民俗文化尤其注重保护，每年由国家认定的“人间国宝”备受珍重。

▲ 八重的江户彼岸樱盛开着艳丽的花朵。

▲ 与嫩绿色新叶一起盛开的大岛樱。

▲ 这两棵紧挨着的樱花树，守护着我们的家。

◀ 这是建议我们种下另外两棵樱花树和给予我们将樱花染进丝绸方案的清顺先生。我对他充满了感激之情。

▲ 这便是志村工作室用丈夫种下的樱花染织而成的丝线。丈夫种的樱花变成了颜色非常漂亮的丝线。

寄托着丈夫情思的樱花被染成丝绸，传承给了孙女。作为这棵樱花树的替代，我们请清顺先生在新家的庭院里种上了大岛樱和江户彼岸樱，正是这两种樱花杂交培育出了后来的染井吉野。艳丽的八重江户彼岸樱代表着丈夫，在山野中盛开的大岛樱代表着我，这便是清顺先生的初衷，也是他脑子里构想的画面。今年春天这两棵樱花树终于盛放出了可爱美丽的樱花。

我很庆幸虽然我已经不再年轻，但依然觉得自己还有很多很多想要去完成的事情。我也相信自己能用目前为止自己曾走过的路，获得的经验去铺设将来要走的路。从今往后，我希望自己能够和我的伙伴们一起观赏樱花，一起回味各自的成长，我想这便是幸福吧。

结　尾

2016年的春天，中川政七商店的采购细萱久美女士对我说“PHP研究所希望通过我拜托御世子女士将目前为止的经历写成一本书”。虽然她突然这样对我说，让我有些不知所措，但本着“即使为难也要去做”的态度，所以精神上还是做出了“好的”的反应。

在结束了丈夫的葬礼后，那年秋天我和PHP研究所的渡边智子女士和编辑木村氏和子（キムラミワコ）女士见了面。随着采访的进行，我慢慢察觉到了这件事情的重大性。六十几年来作为“读者”立场的我，这下要变成打着“中川御世子著”的作者了。想到不得不去跨越自己“不擅长”的领域，就有些许畏缩。但我又想“既然有了这次机会，那就不如让自己愉快地挑战一下吧”。

通过撰写这本书的契机，我得以好好回忆了自己的童年时代，还有嫁到中川家以及工作后的事情。

我42岁那年开始接触“游中川”，虽然那时的我没有任何知识和经验，只会在公司后面的田间小道为工作边走边哭，但我也因为克服了这些“难以办成的事”而一步一步走了过来。回首往事，我发现现在的自己其实已经站在一个很高的地方了。这靠我一个人的力量是无法办到的，幸亏得到了我的家庭、中川政七商店的员工，还有其他很多人的支持。对于他们我心中充满了感激。

每日清晨，我都会在佛坛前双手合十，为身为第13代政七的儿子祈祷，希望他可以把中川家支撑起来，完成自己的使命。也希望神灵可以守护中川政七商店的将来。

我要感谢一直支持我这次挑战的细萱女士，您看我这样算不算又迈进了一步？还有为我拍照的摄影师木村正史先生，他一直迁就着我任性的想法。以及编辑木村女士。此外，还有一直以宽大的胸怀关怀着我的PHP研究所的渡边女士，感谢你们。

最后，感谢所有购买和阅读了这本书的读者们，衷心感谢大家。

2017年，遥望着樱花树的中川御世子

我与中川政七商店的过去

1716（享保元年）	初代中屋喜兵卫开始了奈良晒的买卖。
1898（明治三十一年）	第9代中川政七开发了洗完澡后用的吸汗巾以及新生儿的衣服等产品。其中，吸汗巾成为宫廷御用产品。
1912（大正元年）	虽然奈良晒的生意变得严峻起来，但第10代政七建造了自己的奈良晒工厂，为生意的复兴鞠躬尽瘁。
1925（大正十四年）	在法国巴黎举办的世博会上，用手工纺织、手工编织的纤细的麻制作而成的手帕参加了展出。
1973（昭和四十八年）	御世子嫁到了中川家。借着结婚的契机，严雄进入中川政七商店，计划着进军茶具业界。
1985（昭和六十年）	创业地点从奈良市元林院町迁移到奈良县综合批发商业团地。创立了中川政七商店第一个品牌“游中川”，在原来元林院町空出来的地方开了店。
1988（昭和六十三年）	严雄继承为第12代政七。决定参加奈良丝绸之路博览会，御世子开始参与“游中川”的企划。
1992（平成四年）	在“游中川”总店举办了御世子的第一次企划展“奈良晒展”。参加了东京·晴海礼品展。
1995（平成七年）	花布手巾诞生了。

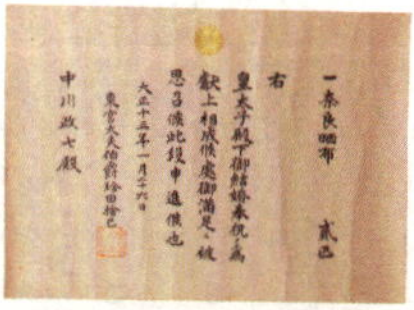
一奈良晒布　貳匹
右
皇太子殿下御結婚奉祝ニ為
献上相成候處御満足ニ被
思召候此段申進候也
大正十三年一月二十六日
東宮大夫伯爵珍田捨巳
中川政七殿

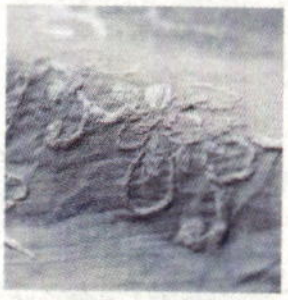

2001（平成十三年）	“游中川”（东京惠比寿店）开张（现在关了）。
2002（平成十四年）	淳进入中川政七商店。
2008（平成二十年）	淳就任社长。花布手巾荣获“日本优良设计奖金奖”。
2010（平成二十二年）	中川政七商店发布秉承自我风格，讲究品质的生活品牌。 发布以日本土特产为概念，介绍日本全国各地土特产和工艺品的品牌“日本市”。
2015（平成二十七年）	中川政七商店（表参道店）开张。
2016（平成二十八年）	在创业300周年之际，儿子淳继承家族事业成为第13代中川政七。 建立网媒“产地”（さんち）。
2017（平成二十九年）	中川政七商店在银座六的商店开张。

图书在版编目（CIP）数据

三百年老店：日常生活的经营智慧 /（日）中川御世子著；程冰心译. —上海：东方出版中心，2019.7

（琢磨文库）

ISBN 978-7-5473-1498-2

Ⅰ. ①三… Ⅱ. ①中… ②程… Ⅲ. ①商店—商业经营—经验—日本 Ⅳ. ①F733.13

中国版本图书馆CIP数据核字(2019)第112433号

上海市版权局著作权合同登记：图字 09-2019-491 号

NAKAGAWA MASASHICHI SHOTEN DE MITSUKETA、ATARIMAE NO TSUMIKASANE

Book design by Hosoyamada design office

Photographs by Masashi KIMURA

First published in Japan in 2017 by PHP Institute, Inc.

Simplified Chinese translation rights arranged with PHP Institute, Inc.

through Bardon-Chinese Media Agency

三百年老店：日常生活的经营智慧

出版发行：东方出版中心

地　　址：上海市仙霞路 345 号

电　　话：021-62417400

邮政编码：200336

印　　刷：山东鸿君杰文化发展有限公司

开　　本：890mm×1240mm　1/32

字　　数：87 千字

印　　张：5

版　　次：2019 年 7 月第 1 版第 1 次印刷

I S B N：978-7-5473-1498-2

定　　价：37.50 元